だいわ文庫

60歳からやっていいこと いけないこと

川北義則

大和書房

まえがき

わが家の向こう三軒両隣には、すでに退職したご主人もいる。朝、といっても遅い時間だが、私が家を出るとき、そんなご主人が庭掃除などをしていて顔を合わせることがある。

「おはようございます」

「お出かけですか。行ってらっしゃい」

といった平凡な朝の挨拶を交わす。ときに私よりまだ若いご主人が、チラッと羨ましそうに私を見ることがある。

毎日、決まっていく場所があることが羨ましいのかもしれない。私のようなもの書きの仕事は、何もわざわざ仕事場まで出かけなくても、家の中でやろうと思えばできる。それでも、私は独立したときから家庭と仕事場は切り離すべきだと思って、それを実践してきた。一種のけじめである。

そして「男は死ぬまで働きなさい」——というのが私の信条でもある。定年後は、別に稼ぐためでなくてもいい、ボランティアでも何でもいい、それも毎日でなくていいから、とにかく家を出て働きに行くことが、男にとって何よりの生きがいではないかと思う。

また、定年後も夫婦仲良しはいいことだが、朝から晩までいつもいつもべったりでは困る。そのためにも週に何回かは一人で出かけるべきだろう。若いときは夫婦べったりでもいいが、年をとったら、夫婦はつかず離れずがいい。そうでないと、もし片方がいなくなったとき、どう生きていけばいいか戸惑うからだ。

そこで、身につけたいのが一人行動のすすめである。

一人遊びができないと、つねに相手を探すことになり、結果的に迷惑な存在になったりして、遠ざけられることにもなりかねない。悠々自適というのは「心静かにのんびりと、思うがままに過ごすこと」だが、そこに他人さまの席はない。

一人遊びという言葉は知っていても、具体的に「何をどうすればいいのか」と、イメージできている人は少ないのではないか。

「長生きするってことは、友だちをだんだん失うということなんだな。俺も最近、やっと一人遊びを覚えたよ」

ある友人がいっていたが、何のことかと思ったら麻雀のことだった。麻雀が三度の飯より好きな彼は、最近、相手がいなくなり、ゲームセンターで一人麻雀をやっているのだ。

これも一人遊びではあるが、そんな狭い範囲でこの言葉の意味を捉《とら》えていたら、一人遊びの真髄がいつまで経っても理解できないだろう。一人遊びとは、孤独と戯れることである。

たとえば、こういう男性がいる。長年サラリーマンをしていた。定年後のいまは、小さな庭つきの持ち家で専業主婦の妻と二人暮らし。

妻の日常は夫が現役だった頃とさして変わらない。洗濯、掃除、料理、買い物――この繰り返し。夫は「妻の邪魔は極力しない」と心に決めている。毎日、家にいる夫に、心の底でうんざりしていることを知っているからだ。

そこで一日一回は外出をし、妻に息抜きの時間をつくってあげている。もちろん、そんな気持ちを口に出したことはない。外出するときは「何か、買ってくるものはないか」と必ず声をかける。

外出といっても、特別な用があるわけではないから、買い物を頼まれたときは、スーパーへ行き、あとは本屋へ寄ったり、喫茶店へ入ったりして時間をつぶす。歩くのが好きだから、遊歩道をブラブラ歩いて近くの公園まで行き、ベンチでひと休みする。

たまには妻より早起きして、朝食をつくってから妻を起こす。その季節になれば、庭の立木の手入れもするし、近所の顔見知りと居酒屋で酒を酌み交わすこともある。

自室にいるときはＤＶＤで好きな映画を観たり、音楽も鑑賞する。ブログで自分の意見を発信もしている。ときには妻と連れ立って外食したり、国内旅行も年に二回は行く。近所では「仲のよいご夫婦」で通っているが、仕事もなくなった老後の夫婦の内実はこんなものである。

彼が心に決めていること。妻の行動や趣味には口を挟まない。その代わり、自分の行動や趣味にも口を挟ませない——このような日常が一人遊びである。夫婦互いに、つかず離れずである。

要するに、群れて行動しない。仲間がいないと寂しくて仕方がない、という状況に自分を置かないこと。サラリーマン時代とは違うのだということを、はっきり自覚することだ。

退職後の生活パターンには、たくさんのバリエーションが考えられるが、このような日常の過ごし方は、ある意味で「哲学する」ようなものだ。この人が「人生とは」という論文を書けば、たちまち市井《しせい》の哲学者になる。

古代ギリシアの哲学者ソクラテスという人は、こんな生き方をした人だった。一人遊びとは、他人の介在を極力少なくして毎日を生きること。してみると、世の中にはたくさんの哲学者が存在していることになる。

川北義則

60歳からやっていいこといけないこと◎目次

まえがき……3

第1章 老ける人、老けない人の違い

定年後はもっとわがままに生きてみる……18
老後に信用できる人、できない人……21
高齢社会をタフさで生き抜く……24
退職後、何をしていいかわからない人……27
年相応とはどういうことなのか……30

田舎暮らしは理想郷ではない……34
生涯現役のシナリオを書いてみる……37
第二の人生は若葉マークの心構えをする……41
「これから、どう生きるか」という悩み……44
とにかく一人行動のクセをつけておく……47
老後資金の準備はできるだけ早くする……50
どうすれば「第二の青春」を謳歌できるか……53
第二の人生は地域貢献を心がける……57
「自分探し」は五〇代以降にやるべきだ……60

第2章 何事もアテにしない生き方

いつまでも「してもらえる」と思うな……64
何でも年のせいにしてはいけない……68
もともとないものを求めない……72
老後は身近な人間もアテにしない……75
世の中への関心をなくすな……78
健康留意は老後の必須事項である……82
自分の意見をもっと語ればいい……86
定年後はより知的に生きるべきだ……89
年相応の貫禄を身につけること……92

定年後は何でも笑ったほうが勝ち……95
仲良し夫婦もほどほどがいい……99
いまからでも尊敬できる人を持ちなさい……102
定年後に働ける道を考えておく……105
海外で暮らしてみるのも悪くない……108
老いの才覚とは「年の功」のことだ……111

第3章 定年後を愉しめる人、愉しめない人

読書はもっとも簡単な若返りの法……116
手書きの効用を忘れてはいけない……120
五感に利くライフスタイルを取り戻せ……124
男も料理するのが必須科目……127
モノを書いてみる……131
「稼ぐ力」を失ってはならない……134
定年後の友人づくりでの留意点……138
積極的に一人旅をしてみる……141
定年後起業をどう考えるか……144

ネット社会とどう向き合うか……148
妻との上手なつきあい方がある……151
投資はどこまでやっていいのか……155
異性とはどうつきあっていくか……158
恋する心は長寿の秘訣でもある……161
セックス力をバカにするな……164
本当の贅沢に慣れておく……167
年をとるほど服装には気を配れ……171
他人に負担をかけるな……175
資格取得の勉強はムダにならない……178
高齢者向け結婚相談所の中身……182

第4章 死ぬまで自分を見失わない

誘われてばかりいてはダメだ……186
プラス思考のクセをつけなさい……190
食わず嫌いでは人生、損をする……194
多種多様なボランティアがある……198
「定年」は自分で決めよう……202
お金が通用しない世界で生きてみる……205
お金を使い切る発想を持つ……208
「何もすることがない」でいいではないか……211
自分の幕引きを考えておく……214

パラサイトの子どもをどうするのか……217
自己対話ができれば一人ではない……220
死んだあとのことも考えておく……223
「終の棲家」をどうすべきか……226
老人ホームは身寄りのない人へ……229
とにかくシンプルライフに徹する……232
定年までにやっておきたいこと……236

第1章

老ける人、老けない人の違い

定年後はもっとわがままに生きてみる

昼食どきにオフィス街を歩いていると、二、三人連れのサラリーマンが、会社のＩＤカードを首からぶら下げて歩いている姿をよく見かける。それを見るたびに、「私は、この会社に首輪でつながれているのですよ」と誇示しているように見える。

そんな会社からの首輪を外され、「さあ、どこへでも行きなさい」と放たれるのが、定年退職ではないか。

定年退職とは、そのような軛《くびき》から解き放たれることを意味する。たしかに同僚や部下もいなくなり、電話もかかってこず、年賀状も盆暮れのつけ届けも激減するだろうが、一方で底意地の悪い上司の理不尽な叱責《しっせき》を、頭《こうべ》を垂れて聞く必要も、怒鳴りつけたいほど生意気な部下に感情を隠したまま指示を与える必要もなくなる。

ともすれば、感傷的になりがちな定年という大きな節目を、目に見えない軛からの解放としてとらえ、「もう、誰も俺を縛ったりできないぞ」と、年季《ねんき》の明けた奉公人のように晴れ晴れとする。こうした観点から定年後の環境変化をとらえると、まったく新しい世界が見えてくるのではないか。

それは、どんな世界か。自由にわがままに生きてもかまわない世界だ。誰に遠慮も気兼ねもいらない。家族など身近な人間とはうまくやらなくてはならないが、サラリーマン時代の耐えがたい「我慢」はもういらない。自らにそう言い聞かせて、少しは自分の思い通りに、わがままに生きてみることをおすすめする。

なぜ、そんなことを言い出したかというと、「長生きのコツ」について、面白い事実を見つけたからだ。

一つは「職業と長生きの関係」である。郡山女子大学の森一教授らが、どんな職業が長生きするかを調べたら、宗教家、実業家、政治家の順だったというのだ。これは何を意味するか。いずれも「上から目線」でいられる職業だ。

要するに、いばっていられる。なかにはいばらない人間もいるが、いつでもいばれる立場であることに変わりはない。つまり、我慢やストレスが少ないのである。

また、いつも高齢者につき添っている介護福祉士のこんな証言もある。

「九〇歳、一〇〇歳まで長生きする人って、決まってわがままで頑固な人たちばかり。周りに気を遣うことなく、我慢するということを知らない。扱いにくくて仕方がない」

他人の思惑なんか気にせずに、自分の好きなように生きることは、ストレスが少なく、健康長寿につながるのだ。事実、サラリーマンが健康診断をすると、地位の高い人ほど健康状態は良好なのだそうだ。かなりわがままに生きられるからだろう。

芸術家は総じて長生きだが、なかでも画家はとくに長生きだ。文豪やオーケストラの指揮者など、わがままが通る地位まで上り詰めた人間も揃って長生きだ。

ふつうに生きてきたわれわれは、とてもそんな環境には恵まれない。だが定年退職後は可能だ。第二の人生を、もっとわがままに生きてみたらいいではないか。

「私たちは、この世に生きながらえ、ただ長生きするために生まれてきたわけではない。私たちは、生き、そして、人生を多面的に知り、人生の豊かさをあらゆる面で体験するために生まれてきたのだ」（和尚ラジニーシ／インドの宗教家）

老後に信用できる人、できない人

ある程度の年齢になったら、世間が許してくれないことの一つに「信用」がある。年をとって「あの人は信用できない」となったら致命的だ。

現役時代は、まだ会社名、役職名などがあったから、世間はそんな肩書であなたを信用してくれたかもしれないが、フリーになったいまは、ハダカのあなたそのものしかない。人間的に信用できるか否かは、その後の人生を左右する問題でもある。

人から「あの人は信用できない」と聞かされることがある。その人間がまだ二〇代、三〇代であれば、それほど気にはならない。だが、同じことをいわれた人間が五〇代、六〇代だったら、そんな人には警戒したほうがいい。

それだけ年を重ねて、なお人からそんな言われ方をする人間には、事実がどうであれ不信感を持たざるを得ない。第二の人生を考えるとき、自分が周囲からどれだけ信用されているか、それをまず自己点検する必要がある。

そして「イマイチだな」と思うなら、何にもまして信用されるように、言動やライフスタイルを改めることだ。なぜかというと、高齢者というのは、長く生きた分だけ、よくも悪くも心身に染みついたものがあり、それは容易なことでは落とせないからだ。

それは、本の奥付ページにある著者略歴のようなもの。もちろん、それが間違っていることもあるが、打ち消すのは容易ではない。とくに当人の言い分は弁解、言い訳としか受け取られない。

では、どうすれば人から信用を勝ち取れるか。逆に考えてみればいい。あなたはどんなときに「この人は信用できないな」と思うだろうか。

ウソをつかれたときなのか。だが、ウソは誰でもつく。だから、ウソをつかれたからと、その人を信用しなくなったら、身の回りに信用できる人が一人もいなくなる。ウソは信用をなくす要因ではない。

いまここに、あなたに一度もウソをついたことのない人がいたとする。あなたは、そのことを私にいう。そのとき私はどう思うか。「一度もウソがバレていないのだな」と思うだけである。バレないウソは、ウソであってもウソではない。

さて、どうやって信用を勝ち取るかだが、ある意味、これは簡単なこと。自分がいったこととやったことを一致させるのだ。ひたすら言行一致を心がける。それだけでいい。

信用の構築には「する側」にも問題がある。信用に値しない人を軽々しく信用してしまう人もいれば、信用できるのに疑り深い人もいる。人さまざまである。

どちらにしても、信用されないのは困る。だが、言行一致であれば、軽率に人を信用する人間も、その軽率さを免れ、疑《うたぐ》り深い人間もプロセスでは疑念を持つかもしれないが、結果においては疑いようがなくなる。

五〇代からでもいい。この態度を貫けば、あなたは絶大な信用を勝ち取れるだろう。そのまま第二の人生に移行すればいい。とにかく、定年後の準備の一つに「信用」を加えるべきだ。そして、次の言葉を肝に銘じておこう。

「世間の信用をなくしたが最後、人間どうじたばたしてみたところで、もう誰も相手にしてくれませんからね」（里見弴《とん》／作家）

高齢社会をタフさで生き抜く

最近、使われるようになった言葉に「レジリエンス」というのがある。耳慣れない言葉だが、要するに元に戻る力、「回復力」「復元力」といった意味だ。

東日本大震災のあと、京都大学の藤井聡教授が「列島強靭《きょうじん》化10年計画」を提案、そのときレジリエンスという言葉を用いて、一躍知られるようになった。

藤井教授は「しなやかな強靭さ」という意味に使っているが、地震に強い耐震構造の建築物などがレジリエンス力に富んだものである。

この力、いまの日本人にとっても必要なものではないか。インフラばかりでなく、個人もレジリエンス力を身につけておく必要があると思う。

個人のレジリエンス力は、「タフネス」と受け取ればいいだろう。定年後も脳はあまり衰えないが、体力はどうしてもレベルダウンする。だが、人の体には免疫に代表されるレジリエンス力が備わっている。この力を損なわないようにすればいいのだ。

タフに生きていきたい。年をとれば体力、気力も衰える。その衰えを防ぎ、よりタフさを身につけるには、何事にも好奇心を持って飛び込んでみるくらいの気持ちを持ち続けてほしい。

レジリエンス力は総合力なので、「これをやっておけば安心」というわけにいかない。そこで、以下のような点に留意する。

これらは一見すると、人のレジリエンスには結びつかないようだが、全体としてその強化には役に立つ。逆にいえば、免疫などに気をつけなくても、これらを日常的に意識すれば、自然に身につくはずだ。以下はそのための条件である。

①良好な人間関係を築いておく
②どんな危機も解決できると思う
③何事も変化すると心得る
④確固たる目標を持つ

⑤つねに前向きに行動する
⑥自己発見のチャンスを探す
⑦つねに自分の成長を期する
⑧長期的な視野に立つ
⑨決して希望を失わない
⑩体のケアを怠らない

これらを日常的に意識した生き方をすれば、強力なレジリエンス力を備えた人間が出来上がる。それを既成の言葉に置き換えれば「タフな人間」となるだろう。世間ではあまりいわないが、高齢社会を生き抜くには「タフさ」が必要だ。いくら年金がもらえて、多額な貯金があったとしても、タフさを備えていない人間は、何十年も続く第二の人生に耐え切れなくなる。

退職後、何をしていいかわからない人

定年退職のショックでうつになる人もいる。「何をすればいいのか」「どこへ行けばいいのか」わからないからだ。しばらく家の中にいてテレビばかり見ていても、飽きてくるのがふつうだ。だらしない格好で近所をうろつけば、「みっともないから、やめてください」と、女房にとがめられるのがオチ。

そんなとき、新聞でも眺めながら「何か面白い映画でもやっていないか」と映画の案内欄に目を通すのも「行動」の一つのきっかけになる。六〇歳以上は、一〇〇〇円で映画が観られる。これが外への行動のきっかけになったりする。

団塊の世代は、仕事一筋できた人たちが多い。退職直前まで仕事に打ち込んでいたから、定年後は何をしていいか戸惑うばかり。とくに、それまでの仕事が順調で、それなりの地位にいた人ほど、毎日をどう過ごせばいいかで悩むことになる。

そんな人が妻に背中を押されて、地域のボランティア活動に参加しても、何十人もの部下を使いこなしてきたクセが抜けずに、思わず偉そうに振る舞って嫌われる。

こうなると、戦場から帰還したランボー（アメリカ映画の主人公）のようなもので、一種の落ちこぼれである。そんな境遇を救ってくれるのが趣味の世界だが、もともと趣味に興味を持たない仕事人間を、どうやってそこへ誘導できるのか。

これには周囲の人の協力が必要だ。いろいろな趣味の効用を並べ立ててすすめてみたところで、最初のうちは聞く耳を持たないから、そういう方法ではダメ。しばらくは何もいわないで、そっとしておくにかぎる。

ある統計によれば、退職した六五歳以上の高齢者が、日中過ごす場所としていちばん多かったのが「家の中」である（四二・五％）。

このタイプで無趣味な人たちは、妻が嫌みをいって外に追い出してもろくなことにならないから、しばらくは放っておくしかない。ただ、放っておくだけでは不機嫌になって、夫婦間のトラブルになる。できるだけ上機嫌になるような形で放っておくのだ。

一日中家の中にいるといっても、寝てばかりもいられないから、必ず何かを始める。テレビやDVDを見たり、読書をしたり、パソコンをいじったりするだろう。

そのとき、批判的な言葉を投げかけなければ、心が落ち着いて、何かを始めようかという気にもなる。趣味に向かうのは、決まって心がくつろいでいるときだ。

ここまでくるのに、どれくらいの時間がかかるのか。そんな統計はないからわからないが、上機嫌な時間が多いほど早いことだけは確かだろう。

定年退職者の妻の中には、何もすることがなくて、一日中家の中でイラついたりふさぎ込んだりしている夫に、うんざりしている人がいるはずだ。

だが、先は長い。特別なことがないかぎり、これからざっと二〇年は、ともに暮らさなければならないのだ。どうか、しばらくはそっとしておいてあげてほしい。

妻には想像がつかないだろうが、いまの夫は、大好きなおもちゃで遊んでいた子どもが、いきなりおもちゃを取り上げられ、「さあ、勉強しなさい」といわれたようなものだ。素直に従う気分になれないでいる。そんな気持ちを汲《く》んであげてほしい。

「人には誰でもその人の都合ってものがあるんだ。その都合を考えてやるのが優しさっていうもんだと思うよ」（永六輔／放送作家）

年相応とはどういうことなのか

私自身、「年相応」には生きたくない。年相応もたしかに一つの見識ではあるが、私は「年がいもなく」といわれるような生き方をしてきた。服装一つとっても、年がいもなく派手な格好をしているほうだ。ジーンズをはいて、ピンクや赤いセーターも着たりしている。

私たちはよく「経験から学ぶ」という言い方をする。だが、それが正しいこともあるが、正しくないこともある。だから「やりたい」と思うことはやってみるにかぎる。そのほうが悔いのない人生を送れるからだ。

プロスキーヤーにして冒険家の三浦雄一郎さんなどは、その典型的な存在といえるだろう。彼は八〇歳で、三度目のエベレスト登頂に成功した。

これは、すごく勇気のいることだ。すでに大きな成功を収め、一定の評価を得てしまうと、それにすがって名声を傷つけないような生き方をすることが多い。それも一つの生き方だが、自分の充実度という点では、まだもの足りないのだろう。

私がかつて「へえー」と意外に感じたのは、一生、同じ会社で過ごしたサラリーマンが多い団塊の世代が、チャレンジ精神に富んでいると知ったときだ。

この世代は、ずっと日本の消費社会をリードしてきたが、二〇一二年から順次、高齢者の仲間入りを始めた。私の予想では「働けるだけ働いて、あとは悠々自適」という安定路線をいくものと思っていた。

だが、彼らの中には、定年後は年相応の生き方より、男のロマンを求めるような生き方を思い描く人が圧倒的に多かったのだ。彼らがそのような生き方をしてくれれば、あまり景気のよくない日本社会も、活気づくに違いない。

「どのような気持ちで定年後の生活に取り組みたいか」

博報堂エルダービジネス推進室が、団塊世代の男性にこのような質問をした。その回答のベストスリーは次の通りである。

第一位　自分が夢中になれるものを持っていたい

第二位　年齢に縛られない生き方がしたい
第三位　趣味や好きなことを深く極めたい

年相応とか悠々自適というのは下位だった。予想外のことだが、大いに歓迎したい。人生を二度生きられる時代になったのに、いままでの人生の延長線上ではつまらない。

第一の人生で、子どもの頃に描いた自分の夢を実現した人など一〇〇人に一人もいない。それにチャレンジするのもよいだろう。サラリーマンの次は、まったく別の生き方をしてみればいい。できればまだ五〇代のうちに、第二の人生計画を立てておくことだ。

進行ガンで余命三カ月といわれたアメリカの大学教授が、「子ども時代の夢を実現するために」と題した最終講義を行なった。講義は学生相手だったが、じつはそこにはいない自分の三人の子どもたちにあてたアドバイスでもあった。

どんなアドバイスか。参考までにいくつか挙げておこう。

「文句をいわずに努力しろ」

「自分の得意なことを見つけよ」
「人のいいところを探せ」
「感謝しろ」
「準備を怠らず、機会を逃さない」
「批判は役立てよ」
「夢をあきらめるな」

田舎暮らしは理想郷ではない

定年後は自然に恵まれた田舎に引っ越して、家庭菜園でもやりながら晴耕雨読の生活を送る――こういう老後プランを持つ人も少なくない。

だが、この種のプランは、なぜか奥さんに反対される。

六五歳でリタイアしたある男性は、かねて憧れていた田舎暮らしを実現すべく、奥さんを沖縄旅行に誘った。青い空に澄んだ空気、食べ物もうまい。奥さんもすっかり気に入った様子だった。

彼は思い切って移住計画を打ち明けた。だが、奥さんは意外な理由で強硬に反対した。

「旅行で来るのはかまいませんよ。でも、移住なんて私は絶対にイヤです！」

「どうして？」

彼が理由を問い詰めると、彼女はいった。

「私はヘビが大嫌いなの。あなただってご存じのはずでしょ。ここには毒ヘビのハブがあっちこっちにいるのよ。夜なんか怖くて出歩けません。まして、土いじりもするだなんて。あなたは死にたいのですか」

いささかオーバーな言い草だが、たしかにハブは沖縄の名物だ。もし、家庭菜園をやるとなれば、ハブに遭遇する機会は大いにある。うかつにも、彼はそのことを知らなかった。じつは彼もヘビが大嫌い。それで、この計画は沙汰止《さたや》みとなった。

海外移住はいろいろな手続きがあるから、プロも交えて綿密な計画を立てる必要があるが、国内だとかなりアバウトに実行してしまう人が多い。

概して田舎志向の定年者には、どこか甘さが感じられる。どうしても田舎暮らしをしてみたいなら、数カ月滞在して暮らしてみればいい。そうすれば、気候や生活環境の変化、さらにその地域ならではの県民性のようなものまでわかるようになる。そういうことまで含めてプランを立てないと、後悔の臍《ほぞ》をかむことになる。

地方では、過疎化の悩みを抱えた地域もあり、そういうところでは自治体が積極的に誘致に努めている。土地や住宅を格安で提供するなどの恩典があるのが魅力だが、長年、都会でサラリーマン生活をしていたような人は、よほどのアウトドア派でもないかぎり、容易に田舎での生活になじむことはできないだろう。

テレビ朝日の番組に毎週、田舎暮らしに成功した夫婦が登場し、見ていると引き込まれるような魅力のある映像があった。だが、あのような生活を鵜呑《うの》みにしてはいけない。

「雪の積もる地域では、寒さの程度や雪の量、雪かき、積雪時の車の運転などの知識や経験もいる。暑い地域では、湿度のチェックなどが不可欠だ。とにかく短期間でも何度もそこに滞在し、本当にそこに住みたいのかを確認しておくべきだ」（吉川敏一／京都府立医科大学元学長）

定年後の田舎暮らしの選択は、慎重にしたい。それに、田舎の人たちのけっこう口うるさい雰囲気に、慣れるかどうかも大問題だ。

生涯現役のシナリオを書いてみる

これからの高齢社会とは、どんな社会なのか。人類はいままで経験したことがないので、その姿を明示することは誰にもできない。

ただ、高齢者が増えてきたので、少しずつその姿が見えてきた。人によって受け取り方は異なるだろうが、私の感じでは「生涯現役が求められる社会」であると思う。私自身も実行している。男は、定年後もできるだけ働いたほうがいい。「働いてなんぼ」なのだ。

では、生涯現役とはどういう意味か。やはり「定年後も仕事を続け、一生働くこと」と思っている人がいるだろう。体の続くかぎり働く。もちろん、それも生涯現役だが、一般にはもっと広い意味で使われている。つまり、生涯現役とは仕事だけではないのだ。

たとえば、定年後、無報酬で週に二回、ボランティア活動をするのも生涯現役といっていい。社会とのつながりを持った形で、何らかの社会貢献ができる行動をするのが生涯現役というものだ。そのような生き方を誰もが願うが、思うほど簡単ではない。生涯現役であるためには、どうしたらよいか。

日本生涯現役推進協議会という団体が、「生涯現役の五つの原則」というものを提示している。それを読んでみて「なるほど」と思ったので、以下に紹介してみよう。

①「生涯現役」という目標を持つ
②そのための周到な準備をする
③信頼できる仲間づくりに励む
④自分の持ち味・得意技を磨く
⑤安易に報酬を求めない

「生涯現役を目指す」と口でいうのは簡単だが、真の意味で実践するのは、それなりの覚悟と準備、努力が必要なのだ。そこで大切になってくるのが、プランづくりである。定年になってから「さあ、生涯現役だぞ」と思っても、すぐには始められない。現役時代から「自分は、第二の人生をこのように生きる」というシナリオをつくっておく必要がある。

その際、いちばん大切なのは、自分の持ち味、得意技を生かすこと。定年後にイキイキと生涯現役の人生を送っている人は、決まって第一の人生で培った能力を生かしている。

それと、もう一つは報酬にこだわらないこと。私の知り合いの新聞記者は大手メディアの重役にまで上り詰めた人物だが、いまは小・中学生を対象に「ジャーナリズム講座」を主催している。塾にして月謝をとることも可能だが、彼はそれをしない。

「私自身が欲しいものは何もないが、若い人たちにどうしても伝えたいものはある。その気持ちがいまの支え。第一の人生は、いまの自分のためにあったような気がする」

団塊世代が本格的にリタイア期を迎え、第二の人生をどう生きるかの指針が求められている。「生涯現役」というのは、誰もが納得する指針足り得るが、この言葉は、まだ辞書には載っていない。みんながバラバラに使い始め、定義が難しくなってしまったのだ。

そこで、あえて定義づければ「自分の存在、自分の行動が生涯、世の中の役に立つような生き方」というのはどうだろうか。

第二の人生は若葉マークの心構えをする

運転免許をとると、一年間は若葉マーク掲示が義務づけられる。自分の運転技能が未熟であることを自覚させ、かつ周囲にもそのことを知らせるためだ。

この例にならって、第二の人生を迎えたら、定年退職者も一年間くらいは、試運転期間として、ゆるゆると過ごしてみるのはどうだろう。

定年退職者の中には、その解放感からか妙に高揚感を持って、最初の半年とか一年ほどをはしゃいでしまう人がいる。会社に縛られることもなく、まったくの自由の身になったからといって、はしゃぎ過ぎるのも考えものだ。

退職金といういままで手にしたこともない、まとまったお金が入ったせいもあるのだろう。海外旅行をしたり、投資に手を出してみたりなど、やたら行動的になった結果、短期に老後資金を目減りさせてしまう人も少なくない。ご用心である。

世の中もよくない。あの手この手で、定年退職者の懐からお金を巻き上げようとする。団塊世代が大量に高齢者の仲間入りをしたためか、彼らをターゲットにした商戦が繰り広げられている。

よく考えず、人の口車に乗せられて慣れないことにクビを突っ込むと、大やけどをする。それよりも、これからの人生で、自分は何がしたいのか、どうすれば充実した後半生を過ごせるか、周りの様子を観察しながら、じっくり考えてみるのも悪くない。

「早いもので、六〇歳で定年退職して、もう二年になります。現役時代、一生懸命仕事をしたので、定年後はのんびりゆっくりいこうと、何をするでもなく過ごしていたら、あっという間に二年が経過、最近『これでいいのかな』と疑問を感じます。充実した老後を過ごすためには、勉強でもしたらいいのかなーと思っております」

インターネットの「教えて」という欄に、こんな記事が出ていた。準備も心構えもなく、定年後を迎えてしまった人によく見られるケースだ。

世間では、こういう人たちに「第二の人生、無為《むい》に過ごすのはもったいない」「さあ、何かやりなさい、やりなさい」としきりにはやし立てる。

しかし、いろいろな生き方があってもいいのではないか。世間や他人の意見に乗せられて慌ててやるよりも、この人のように思い切りマイペースで、自身が「これをしたいな」と思うものが見つかってから動き出しても遅くはない。

総務省の調べでは、高齢者人口は二〇一二年、初めて三〇〇〇万人を突破、総人口に占める割合は二四・一%と、四人に一人は高齢者という時代になった。二〇一六年は三四六一万人、二七・三%にまで上昇している。

こんなに進んだ高齢社会を、人類はまだ経験したことがない。前例がないのだから、こう生きればいいという「最適解」を知る人はいない。

先の見えないことを始めるとき、大切なのは計画と準備である。現役時代にそれをしておくに越したことはないが、する暇がなかったのなら、先の人のように、最初の一年、二年は何もせずに過ごしてもいいと思う。

かくいう私だって、最適解など知る由もない。還暦以上の年月を生きた経験の蓄積はあっても、誰もがこの先の人生に関しては若葉マークなのである。

「達人とは永遠の初心者のことである」(ジョージ・レナード/アメリカの能力開発家)

「これから、どう生きるか」という悩み

新聞の人生相談欄での話。

還暦を迎えた六〇代男性。「第二の人生の意味がよくわからない」と悩んでいる。「第一の人生でできなかったことをやれというが、高額カメラを得意そうにぶら下げて歩いたり、誰も読んでくれない自分史を書いて満足したり、少ない資産を増やそうと株にハマったりすることが第二の人生なのか」

こんな疑問を抱いている。なぜか。「そんなことは定年を待たないでもやれたことで、第二の人生だからやるということでもあるまい」というのだ。自分は還暦を過ぎたいまも、特別やりたいことがない。残りの人生を何かに賭けるという意欲もわかない。ただ「このままでいいのだろうか?」という焦りの気持ちが拭えない――。

回答者の大学教授は、「他人はどうあれ、自分が何をしてきて、これからは自分

に何ができるのかじっくり考え、再出発をしたらどうか」と、あまり役に立たない返答をしていたが、同じような悩みを持つ高齢者は少なくないはず。彼が、気づいていないことが一つある。それは自分が「解放されている」ことだ。たとえていえば、「牢屋《ろうや》のカギが開いているのに、気づかずに自ら出ようとしない」状態だ。

第一の人生は、何かと制約が多いものである。資産家でもないかぎり、働かなくては食べていけない。家庭を持てば子育てをしなければならない。社会人としての義務や制約がたくさんある。だが、第二の人生ではそれがない。この質問者は「現状のまま」でいいと私は思う。「これからどう生きるか」と悩むこと自体が「贅沢《ぜいたく》な生き方」なのだ。

「老いるという経験は、誰もが初めてのことであるはずで、せっかくの未知なる体験を、否定してないものにしてしまうのは惜しい。死ぬとか病むとか老いるとか、当たり前のことを否定としてとらえるから人は苦しむことになるのでしょう。当たり前を当たり前としてとらえ、それを楽しむという構えが、ひょっとしたら人生の極意なのかもしれません」

早くして亡くなった哲学者の池田晶子さんのこの指摘は、本当にそうだと思う。

第二の人生では、何も悩むことなどない。人に尋ねる必要もない。ひたすら、いまの自分が「こうしたい」と思うこと、いまやれることをやって楽しめばいい。「こうすべき」と思うものがあるのなら、それに向かっていけばいい。

相談者は、「毎日不規則な生活を続け、身体によくないとは思っても運動もせずに晩酌を楽しんでいます。ときどき発奮して園芸やバードウオッチングをするのですが、熱しやすく冷めやすい性格で長続きしません」というが、それこそ悠々自適な生活ではないか。

リタイア人生では、みんな好き勝手に生きている。大恋愛がしたければすればいいし、他人のために役立ちたければ、ボランティアでも何でもやればいい。したくなければ、家でゴロゴロしていたってかまわない。心得ておいたほうがいいと思うのは、他人をとやかくいわないことだ。肝心なのは、自分が残りの人生をどう生きるかだけ。他人と下手に関わると、災いの種になる。

「善とは何か。後味のよいことだ」(アーネスト・ヘミングウェイ/アメリカの作家)

この言葉、第二の人生のモットーにしてもいいのではないか。

とにかく一人行動のクセをつけておく

あなたはサラリーマン時代、仕事が終わったあとに、一人で居酒屋へ行ったことがあるか。寿司屋の暖簾《のれん》をくぐったか。ホテルのレストランで、一人で食事ができたか——。

私自身、観たい映画や聴きたいコンサートなどがあれば、さっさと一人で出かける。観劇などはたいてい二人連れが多いから、一人のほうがいい席がとりやすい。それに二人だと相手に気を遣うこともあるから、一人のほうが煩わしくなくていい。

サラリーマンのときは、同僚や先輩、部下、あるいは取引先の人間と行動をともにすることも多かったと思うが、本当は、この頃から一人で出かけるクセをつけておいたほうがいいのだ。なぜかというと、第二の人生ではそれが大切になってくるからである。一人行動が苦手な人は、定年後、かえって孤独になりがちだ。

サラリーマンは絶えず誰かとつきあっているから、そこから派生する仕事以外の行動も他人と一緒のことが多い。昼飯を食べに行く、アフターファイブに飲みに行く、休日にゴルフに行くなど、群れて行動する仲間は、ほとんど仕事がらみの人間たちだ。いつの間にか、それがふつうになって、単独行動が少なくなる。村落共同体の文化を持つ日本人は集団行動が得意だから、そんな自分に何の疑問も感じない。

だが定年になると、会社がらみの人間関係は、ほぼ途絶えてしまい、新しい人間関係の構築が必要になる。これは自分自身でつくり出さねばならない。

そのときになって初めて一人行動の大切さに気づく。いままでは名刺を出せば、それで人間関係がすぐに始まったが、いまは名刺もない。個人の名刺をつくって差し出しても、会社の看板がないと、「あんた、どこの誰?」と相手にしてもらえないこともある。有名企業の重役であれ、退職すればただのオッサン扱いだ。

現役時代から折に触れて一人行動をしていれば、そういうとき、どう振る舞えばいいかがわかる。単独行動の経験に乏しいと、戸惑うばかりでうまく立ち回れない。

では、一人行動とはどういうことか。

これが、意外にわかっていない人がいる。一人行動とは、単に一人でいることではない。単独行動することで、素のままの自分を他人に評価させ、そこから新しい人間関係をつくり出すということだ。この能力を持っていないと、定年後に新しい人脈を築くことはなかなかできない。その結果、孤独になってしまうのである。

若者たちのあいだで「ぼっち」と呼ばれる人種がいる。「一人ぼっち」からの言葉だ。仲間になりたいのに入れてもらえず、あるいは自分から加わる勇気がなく、やむを得ず一人でいるのが、ぼっちである。

だが定年後は、仕事人脈がきれいサッパリなくなって、否応なしに、しばらくはぼっち状態に置かれる。そのときに一人行動ができる人は、すぐに自分の存在感を見知らぬ他人にアピールでき、新しい人脈を築いていける。

最近目立つ高齢者の孤立や孤独死は、「高齢ぼっち」のあいだで起きていることだ。集団の中の個人でなければ、存在感を示せないようでは先が思いやられる。高齢ぼっちにならないためにも、早くから一人行動のクセをつけておくことだ。

「一人で何もできない人は、何事も成し得ないと思います」（ある若者の発言）

老後資金の準備はできるだけ早くする

老後をつつがなく暮らすのに、どれくらいのお金が必要か。定年が視野に入る年代になると、この問題で悩む人が少なくない。

よく聞くのが、三〇〇〇万円という数字。夫婦が平均寿命まで生きるとして、年金のほかにこれだけのお金がないと、人並みの老後は送れないというのだ。

数字だけを示されるとギョッとする人がいると思うが、平均的なサラリーマンの場合、持ち家があり、一定額の預貯金があり、それに定年になれば退職金が入ってくる。これらを勘案すると、何とかやっていけるはずだ。

ただ前提条件が違うから、それ如何《いかん》によっては、いろいろなケースが出てくるだろう。持ち家がなければ、家賃分を必要資金に加算しなければならない。退職金なし、預貯金ほとんどゼロ――こんな境遇の場合は、年金だけになって、生活はかなり苦しい。老後の生活設計で悩むのは、この前提条件が不利な人たちである。

老後の資金問題に関して、私がいいたいのは「準備は早ければ早いほどいい」ということだ。以前は、若者が老後を心配するのを見て「いくら何でも早すぎる」と感じていたが、深まる高齢社会の実態を知って、少し考えが変わった。

定年後の人生を充実させたいなら、できるだけ早くから取り組んだほうがいい。定年が見える五〇代後半になって「さあ、どうするか」では、手遅れ感と焦りの二重苦に襲われる。人にもよるが、そのストレスは相当なもので、健康も害しかねない。

だが、二〇代、三〇代から考えておけば、感覚的には遠い先のことだから、どんなにマイナスの想像をめぐらしても、あまりストレスを感じない。冷静かつ客観的に物事が進められる。実践も楽だし、得られる果実も大きい。

たとえば、社会人になって定期的に給料がもらえる身分になったら、月五〇〇〇円の個人年金保険に加入する。月に五〇〇〇円なら負担は少ない。四〇年間コツコツ払い続けると、基金は二四〇万円になる。

保険会社は、このお金を回してくれるので、かりに二五歳で始めても四〇年間とすると、六五歳になったときから月額約三万円の個人年金が受け取れる。月々五〇〇〇円の投資で、月額三万円の個人年金を自分でつくれるのだ。

毎月のわずかな金額でも、長い時間をかければ、老後資金を個人の才覚で生み出せる。近年、若者が年金への関心を強めているのは、自己防衛でこういう方法に着目しているからだろう。この点、中高年世代よりも若者のほうが賢いようだ。この方法は三〇代、四〇代から始めてもまだ間に合う。

しかし、五〇代になると定年まで残された時間が少なく、このようなやり方で実をとるのは難しい。では、どうするか。五〇代以降は、個人年金保険よりも、持ち家の活用を考えたほうがいい。持ち家を売却し、まとまった老後資金を捻出するのだ。

マイホームを売ったあと、夫婦二人なら小さなアパートでもいいではないか。もう会社へ通う必要もないのだから、都心から離れて空気のいい場所を選んだほうがいい。いずれにしろ、老後の資金準備は、早ければ早いほどいいのである。

どうすれば「第二の青春」を謳歌できるか

一〇代後半から二〇代の終わりまでが一般にいわれる青春だが、いまはもう一つある。定年後は「第二の青春」ともいえるからだ。

このようにとらえると、第二の青春には大きなメリットのあることがわかる。

最初の青春は、人として何かと未熟だし、勉強も必要だ。まじめな若者ほど「満足に青春を楽しめなかったな」と感じているに違いない。青春に関する多くの名言が、悔恨《かいこん》と哀惜《あいせき》に彩られているのは、その素晴らしさに、あとになって気づくからである。

しかし、気づいても、人生最終章に入っていればどうしようもない。だが、いまはよい時代だ。第二の人生で「やり直せる」からである。

最初はリハーサルなしだったが、一度経験積みだから、今回はもっとマシな青春を楽しめるはずだ。ただし、第二の人生を「青春」ととらえなければかなわない。

いろいろ見ていると、定年後を「余生」としてとらえる人が多い。そういうとらえ方をするから、年金がどうの、医療費負担がどうの、孤独死がどうのという話になってくる。

在日歴七年のイタリア人青年が、こんなことをいっていた。

「苦労して築いた夢のような長寿社会を、日本人はどうして楽しもうとしないのか。その価値がわかってないんじゃないか」

まったく、その通りだ。

後ろを振り返って、「俺たちの時代はこうだった」などと懐かしがっている場合ではない。「これからが俺たちの時代」の気概で臨《のぞ》むべきだ。

「アンパンマン」の生みの親であるやなせたかし氏は、売れ出したときはもう五〇代の後半に差しかかっていた。サラリーマンなら定年年齢である。

そこからスタートして、大輪の花を咲かせた。やなせ氏は『痛快！第二の青春』（講談社）という自伝的著作の中で、「自分は八〇代で青春を謳歌《おうか》している」と語っている。

あなたが、もし独り身できたのなら、これから大恋愛をしてみたらどうか。かつて目指したことがあったなら、再びそれに取り組んでもいい。会社を興すのが夢だった人は起業してもいいではないか。

一瞬でも絵かきになりたいと思った人なら、画業に取り組んでみてはどうか。フランスの大画家ポール・ゴーギャンだって、もとをただせば証券会社のサラリーマン。趣味で絵を描いていた男である。

そんな男が、中年過ぎから本格的に画業に取り組んで世界的な画家になった。人間、どこにどんな才能が潜んでいるかわからない。

もっとも、実際にやってみて「俺には、やっぱり才能がないな」でもかまわない。

アメリカの詩人サミュエル・ウルマンの「青春とは人生のある期間をいうのではなく、心の様相をいうのだ」という言葉を誰でも知っているようになった。高齢者の青春観も大きく変化した。

どう変わったのか。「もし、人生の終わりに青春があれば誰も後悔しない」という言葉がある。この言葉は従来、反語として使われてきた。

「残念ながら、青春期は人生の終わりにはない」という意味だ。この反語が正語に転換したのが現代だ。

いまや、青春についてもっとも的を射た言葉はこれだろう。

「青春？　若い連中にはもったいないね」（ジョージ・バーナード・ショー／アイルランドの劇作家）

第二の人生は地域貢献を心がける

海が近くにあるわけでもない東京の多摩地区で、鮮魚市が誕生したそうだ。いったい、どうやって新鮮な魚を運んだのだろうか。

これは「飛行機で運んだ」が正解。飛行機で運ぶからには飛行場がなければダメだが、調布市には戦時中につくられた飛行場があり、いまもコミューター空港（小型機専用の飛行場）として利用されている。この貴重な地元資産を生かしたのだ。

この空港に、伊豆諸島で朝にとれた魚を運ぶことで、その日のうちに刺身で食べられる鮮魚を販売できる市が開設された。このプロジェクトを発案したのが、団塊世代の定年退職者たちである。最近、定年退職者の地域社会への参加意欲が高まっている。

団塊世代一〇〇〇人に、「今後、何を重視したいか」と聞いた意識調査の結果がある。日本経済新聞と楽天リサーチが行なったものだ。それによると、三人に一人が「地域貢献」、四人に一人が「社会貢献」と答えている。

これは好ましい傾向だ。定年後は地域社会にいかになじむかが、リタイア組の大きな課題だったが、具体的に、どこにどう参加するかが見えずに、両者のマッチングができなかった。日本のサラリーマンは会社を通じての人間づきあいが濃密で、地元に長く住みながら、地域社会とは疎遠な間柄だったからだ。

こんな例もある。退職して二年目を迎えた男性（六二歳）は、街のタウン誌の情報特派員になった。慣れない記事作成を何とかこなすと、それが縁で地元テレビ、ラジオに出演する機会に恵まれた。これで知名度が高まり、街を歩くと見知らぬ人からも声をかけられるようになった。彼は初めて地元社会から認知され、居場所を得たのである。

だが、こんな人たちばかりではない。何十年も同じ地域に住みながら、退職後も地元になじめず、たまに開かれる会社のＯＢ会への参加を心待ちにしているリタイア組もいる。

サラリーマン経験のある作家の高任和夫氏は、そんなリタイア組の心情を次のように語っている。

「結局、会社の同僚が一番なのだろう。かくいう私だってそうだ。昔の仲間と焼鳥屋で一杯やっていると心が安らぐ。退職後一五年も経ち、それぞれ違った道を歩んでいるというのに……」

日本のサラリーマンは、それだけ会社でのつながりが深いということだ。在籍中は仕事を離れても、クラブや福利厚生施設などを通じて、家族ぐるみの交流も可能だった。いわば地域社会が果たす役割を会社が代行していた。だが、そんな家族ぐるみの集まりも、いまは少なくなった。

それでも会社にいるかぎりは、自分の拠点である地域社会と疎遠でいても、痛痒《つうよう》を感じないですんでいた。そんな中でリタイアした退職者は、いままで地域社会と疎遠であった手前、その輪に入っていきにくい。なかなか、きっかけがないのだ。

地元の居酒屋へ行っても「お客さま」扱いされる。

地元では、なかなか自分の居場所が見つけられない。そんな彼らに参加を促すキーワードとして見つかったのが「地域貢献」ということだ。地域社会の重要性によう やく気がつき始めたようである。

「自分探し」は五〇代以降にやるべきだ

若者が「自分探し」などというと、「一〇年早い。そんなことをいう暇があったら、職探しをしろ」と私は怒鳴りつけるだろう。「自分」などというものは、一生かかってもわからないものだ。「人はどこから来て、どこへ行くのか?」は永遠の謎でもある。

時間的にも質的にも大した人生を過ごしていない者が、自分を探して何になる。それよりも、若いうちは社会に飛び込んで、どんどん経験を積んで、人生経験を肌身で感じるべきだ。本当の自分探しは、五〇歳を過ぎるか、あるいは定年になってから始めてもいい。第二の人生をそっくり自分探しにあてたっていいのだ。

自分探しとは、辞書には「自分の生き方、居場所を探すこと」と出ている。定義はそんなところだろうが、こんなことは、恵まれた立場の人にしかできない行為だということを知るべきだ。明日の飯にも困っている人間には、そんなことなど考えている暇がないからである。

若者に自分探しの理由を尋ねると、「まもなく就職するんですが、自分に向いた仕事に就きたくて。それが、まだわからないんです」などと答える。具体的に何をするかというと、ほとんどの人は「旅に出る」という。この言葉の前提になっているのは、何か。

「いまは食べられている」「就職はできる（選《え》り好みもできる）」「旅に出る時間的余裕がある」「旅する資金的余裕もある」ということだ。けっこうな身分ではないか。

ただ、旅に出るのは悪くない。旅は行く先々で新鮮な刺激が受けられるし、自分を見つめ直す時間も持てる。思いがけない出会いもあるだろう。昔から旅をきっかけに成長し、人生の転換を図った人は数え切れない。

だが、わざわざ旅に出なくても、同じような効果は、たとえば多種類のバイトでもかなえられないか。一年間に一〇種類のバイトをしてみればいい。行く先々の職場で新鮮な刺激が受けられるし、人ともめぐり合えるだろう。

また、仕事には評価がつきものだから、いやでも「俺って人間は……」と自分を見つめ直すことになる。おまけにバイトはお金も稼げる。もし、就職前のシミュレーションなら、バイトのほうがはるかに役に立つ。

では、中高年になってからの自分探しはどうだろうか。私にいわせれば、真の自分探しは、一定の実績を上げた者がすべきだと思う。よい例がサッカーの元日本代表・中田英寿氏だ。彼は引退してから「自分探し宣言」をした。

定年が見え始めた五〇代以降の中高年、あるいは定年退職者。内容こそ違え、彼らも立場は中田氏と同じである。ちゃんと社会で実績を上げている。上げてなお、自分の生き方に疑問を感じるのだ。ここからわかるのは、何十年も社会で立派にやってきても、まだわからないのが自分であり、自分の居場所なのである。

それでも中高年からの自分探しは、若者のそれより意味がある。生きているかぎり、人は「生きる理由」を考えたくなる動物だからだ。だが、答えは出ない。出たと思うのは、たぶん気のせい。どこまで行ってもキリのないのが、自分探しなのである。

そんな世界に若者がハマれば社会的損失だが、定年退職者なら残りの人生を賭けて考えても社会的損失ではない。アンチエイジング代わりにもなる。

第2章

何事もアテにしない生き方

いつまでも「してもらえる」と思うな

会社内である程度の地位に就くと、部下がいろいろと手助けしてくれることがある。お茶淹《い》れ、コピー、電話の応対、資料づくり、スケジュール調整、クルマの手配などなど。まだ肩書などない頃は自分でしていたことを、人がやってくれるようになる。

大企業の重役にでもなれば、まるで王様のような扱いだ。すべてお膳立てができていて、その通りに動けばいい。部下がしてくれるのだから気は楽だ。

だが何かの都合で、してもらえないと不満を感じるようになる。しかし定年後は、それがまったくなくなることを覚悟しなければならない。誰もしてくれなくなる。

もちろん、仕事もなくなるのだから当然だろう。

今度は家庭内で、すべて妻がやっていたことを、自分もしなくてはならなくなる。

「おーい、お茶」「メシはまだか」などなど、これらを自分でやらないと、「何もやってないんだから、そんなことくらい自分でやりなさいよ」と、妻から逆襲される。

人がお膳立てをしてくれて、誰かに何かをしてもらい続けていると、大切なことを忘れてしまう。当たり前のことだが、何でも自分で「やる」ということだ。

これは、忘れてしまうと怖い。一七世紀のスペイン王フェリペ三世は、火鉢のそばにいつまでも居すぎたため、低温やけどで命を落とした。火かき棒を持った従者が、そのときそばにいなかったのが原因だ。何もかもしてもらえる立場に慣れすぎると、こんなバカバカしいことまで起きてくる。

かつての重役も、定年を迎えればタダの人。当たり前のことだが、エレベーターのボタンも自分で押さなければならなくなる。いまから、最低限度のことは自分でやれるクセをつけておかなければならない。

そのためには、してくれないことを数えるのではなく、してもらうことを恩恵と受け取り、感謝で報いる気持ちが大切だ。

嫁姑の関係が険悪になりがちなのも、お互いが「してもらえること」ばかりを数えているからだ。「ちゃんと後片づけをしてくれない」などなど、不満をいえばキりがない。してもらえることが三つあって、二つしかしてもらえなければ、残るのは不満である。

同じ数えるなら「してあげられること」を数えればいい。三つしてあげられることがあって、二つしかできなくても、それなりの満足感が味わえる。お互いがそうすれば、両者の関係は良好になる。この考え方は、定年後の妻と夫の間柄にも通用する。

人から「してもらえること」ばかり考えるのは悪いクセだが、豊かな社会では、とかくその方向へと走りがち。この悪いクセを見事に方向転換させたのが、第三五代アメリカ大統領ジョン・F・ケネディの名言である。

「国が何をしてくれるかではなく、自分が国に何ができるかを考えよ」

この言葉は、次のように置き換えられる。

「相手が何をしてくれるかではなく、相手に何をしてあげられるかを考えなさい」

定年後の第二の人生を考えるとき、この言葉をしっかりと胸に刻んでおくべきだ。定年になったら、すべて自分でやらなければならない立場に置かれる。

何もしてもらっていないようでも、人間は生まれてこの方、多くの人々からたくさんの恩恵を受けている。要するに、いっぱいしてもらっているのだ。

そうでなければ、あなたの「いま」はないはず。だから第二の人生では、残りの年月で「どれだけ人にしてあげられるか」を考えたほうが、確実に人生は充実する。なぜなら、自分の存在価値を世間が認めてくれるからだ。別の言い方をすれば、自分の居場所が確保できる。

要介護の身でもないのに、高齢になったという理由だけで、人から「してもらえること」ばかりを求めるような人間は、どんな社会でも受け入れてはくれない。誰も口にはしないが、「姥捨《うばす》て」思想は、いまだって健在ということを忘れないでほしい。

「それゆえ、自分にしてほしいと思うことはみな、同じように人にもしなければなりません」（マタイ／七章一二節）

この聖句は、聖書で「黄金律」と呼ばれている。

何でも年のせいにしてはいけない

考えてみると、人間くらい老ける動物はほかにいないのではないか。何十年も会わないでいると、「これがあの人か?」と思うくらい様変《さまが》わりしている人もいる。犬でも猫でも、小さい頃から飼っているとそれがわかる。高齢になっても、人間ほどには老けた変化は起きてこない。

では、人間はどうか。赤ん坊のときから老年期まで、写真をズラッと並べたら、容貌の変化は相当のものだ。

なぜか。ここからは私の勝手な解釈だが、その理由は、人間が「年のせいにするからだ」と思う。その証拠に、人間以外は年齢で悩むことはない。牛が「もう年で……」なんていうはずがない。

人間は物心ついた頃から、早くも年齢がらみの悩みを抱え、一生を通じて「年」

を気にし続ける。誕生日を気にするからかもしれない。とくに中年以降は、この年の悩みは深刻化して、年をとるまいと涙ぐましい努力を重ねる。だが、アンチエイジングが成功することはごく稀《まれ》である。

年のせいにし始めると、老いに加速度がつく。物忘れを年のせいにする人がよくいるが、これは間違いらしい。脳は年をとっても簡単には衰えない。年をとればとるほど、向上する脳の働きもある。たとえば直感力などがそうだ。脳の衰えと思っていることは、体の衰えからきていることが少なくないのだ。

記憶力も同じ。記憶力が落ちるのは、老人特有の現象ではない。よく気にするのが「ど忘れ」だが、その回数は子どもと大して変わらないというデータもある。「年をとると、ど忘れをする」は、思い込みかもしれない。

むしろ、大きな要因は体の衰えだ。体力が衰えると集中力に欠ける。集中力に欠けると粘りがなくなる。意識が散漫になって、ど忘れのように感じられるのだ。つまり、高齢になっても、脳は二〇代、三〇代と基本的に変わらないと思ったほうがいい。そうすれば年のせいにはできなくなる。

年のせいにしていいのは、肉体的な衰えだけ。だが、これも体を鍛える、食生活を改善することで抑制できる。あとに残るのは個人差だけである。

会社勤めがなくなると、どうしても運動不足になりがちだ。通勤しているときは、自宅から最寄り駅まで歩く。そして通勤ラッシュにもまれて乗り換えがあって、また下車駅から会社まで歩く。途中には駅の階段などもあって、サラリーマンは朝夕の通勤だけで、けっこう運動しているのだ。

それが退職して、家にいるようになると、一切運動をしなくなって運動不足になりがち。そのうえ三食しっかり食べていると、どうしても太る。そこで、どうせ朝の目覚めも早くなったのだから、早朝ランニングをおすすめしたい。

最初は普段着のまま、一〇分くらいの足慣らしから始める。三〇分くらい軽くジョギングができるようになればしめたもの。このへんからランニング用のシューズやシャツを揃えるのもいい。とにかく気分爽快になるはずで、一時間も走れるようになれば、地域のハーフマラソン大会にも出てみたくなる。

私の友人も退職後に早朝ランニングを始めて、「こんなに気分がいいものだとは知らなかった。体験して初めてわかった」と喜んでいた。そして、八〇歳近くになったいま、ハワイでマラソン大会に挑戦するという。こんな人も少なくないだろう。

また運動不足を自覚して、近くのスポーツクラブに通い始めた友人もいる。

このように、肉体を鍛えて若さを保っていれば、年のせいにする必要はなくなる。にもかかわらず、私たちは中高年を過ぎると、しきりに年齢を気にして、さまざまな変化を年のせいにする。もういい加減、年のせいにするのはやめよう。

冒頭で述べた、老いの変化の激しさが「年のせいにするからだ」というのは、科学的な根拠のあることではないが、身の回りの人間を観察してみればいい。

年のことなんかまったく気にしないで、明るく元気に生きている人が老いぼれているだろうか。老いぼれているのは、年を気にする人のほうではないか。

年のせいにするのは、肉体的、精神的両面から、衰えに拍車をかけることになる。そんなライフスタイルを続けて平穏でいられるはずがない。

「年齢というものには元来意味はない。若い生活をしている者は若いし、老いた生活をしている者は老いている」（井上靖／作家）。これが真実だと思う。

もともとないものを求めない

できないものはできないと、スッパリやめる覚悟も大切だ。退職後、何か趣味を持とうと思って、俳句とか短歌を習い始める人がいるが、これも一種の才能で、一年やってうまくならないなら、スッパリとやめたほうがいい。

一方で、下手なりに続けられるものもある。相手に迷惑がかからないなら、ゴルフもいいだろう。また、ヘボなりの将棋や囲碁なども楽しめるはず。

よく三歳くらいの子どもに、ピアノを習わせる母親がいる。ふつうはすぐに才能がないことがわかるのだが、それでも母親はピアノを続けさせる。

「せっかく買ったピアノがもったいない」

「せめてバイエル、ツェルニーくらいまでは……」

音楽の才能など、九九・九%の人にはない。才能のないことを理由にやめさせていたら、習う人間がいなくなる。それでは音楽業界がダメになる。だから、日本では音楽の先生は才能のない子にも黙って教えている。

だが、音楽の国イタリアでは違うようだ。才能がないと、教師はためらうことなく「やめさせたほうがいい」と親に忠告する。親も「わかりました」とすぐ引き下がる。合理的なのだ。

どちらがいいか。習い事は、かじっただけでも、何かしら足しにはなるから、私は日本流でもいいと思っている。若いうちは習い事にかぎらず、すべてのことに可能性を追求していいと思う。だが、人生後半戦に入ったら、イタリア流の合理的判断を下すべきだ。

たとえば、片づけられない奥さんがいる。片づけの才能がゼロ。そんな奥さんに「お前はどうして、いつもこうなんだ」と、文句をいっても仕方がない。

それなら、極力いわないようにすることだ。奥さんも旦那の悪いクセをあまり指摘しない。お互いにそうすれば、第二の人生は穏やかに過ごせるだろう。

第二の人生を充実させるには、ないものをしつこく求めようとしないことだ。肩の力を抜けば、明るい未来も見えてくる。

近頃、職場で「新型うつ」というのが流行っているらしい。特徴は、自分がイヤな状態のときだけ、うつ症状に襲われるという都合のいいもの。調べてみると、五年前と比べて増えている。しかも新型うつ病の人間は、相当にふざけている。病気療養中の身なのに、旅行へ出かけたり、マラソン大会に参加していたりする。

会社でまじめに働いている同僚が「元気なんじゃないか」と不満を漏らすのも当然だ。おかげで職場の士気が落ちて困っている会社もあるらしい。

だが、人は人、自分は自分である。そういう連中にはもともと働く才能がないのだ。才能がない人間のことをとやかくいっても始まらない。これからは第二の人生がある。第一の人生のつかの間、ズルして楽しんでいたら、先へ行って困るのは本人に決まっている。

アリとキリギリスの教訓を思い出せばわかるはず。新型うつ病といわれる人の中には、キリギリスも交じっているに違いない。キリギリスがどんな末路だったか知っているだろう。きちんと働いた者が最後は報われるのだ。

相手と自分を比べて損得を考えるのではなく、脇目も振らずに自分は自分の人生を生きていけばいい。

老後は身近な人間もアテにしない

「アテにする」という言葉は、「期待する」「頼りにする」と辞書には出ているが、これでは説明不十分である。「期待する」には明るい希望が背景にあり、「頼りにする」には真摯《しんし》な思いが込められている。だが「アテにする」には、「親の遺産をアテにしてマンションを買った」というように、一方的で不健全な雰囲気が漂う。「してもらって当然」「権利がある」というニュアンスが、私は好きではない。老後は、自分一人でも生きていく覚悟が必要なのだ。

だが世の中には、老後に身近な配偶者や子どもをアテにする人たちがいる。そういう人たちに、私は「女房（亭主）子どもをアテにしなさんな」といいたい。なぜか。アテにしてもアテ外れに終わるからである。

まず、子どもだ。親が子をアテにするのはわかる。子どもは自分が苦労して育てた。その努力を考慮すれば、成人した子は「恩返しすべし」という論が成り立つからである。

だが、子どもの立場からは、すぐさまこういう反論が飛んでくる。

「何も産んでくれと頼んだわけじゃない。二人で楽しんだ結果じゃないか。育てた？　産んで育てなければ人じゃない。子育ては生きがいとかいってたじゃないの。いまさらアテにするなんて、借りた覚えのない借金を返せといわれるようなものだ」

強力な反論ではないか。これに抗《あらが》う術《すべ》はない。ここまではっきりいう子どもは少ないだろうが、実際に、子どもは親孝行の気持ちがあっても、自分の生活で精いっぱいかもしれない。だから、いちばんいいのはアテにしないこと。これしかない。

次に配偶者だ。妻や夫をアテにする。これもかなり危うい関係といえる。もともと夫婦は赤の他人である。若いうちはお互い好き合ったし、子どもができてからは、子育てという義務があったから協力できた。

だが、子どもも巣立って二人きりに戻ってみると、そこには歳月にさらされた古びた二人の男と女がいるだけ。それでも、お互いにこんなことを考えている。

妻「一生養ってくださいよ。私のすべてをあなたに捧げちゃったんだから」
夫「ずっと食わしてきたんだから、俺の面倒はちゃんと見ろよ」
口には出さねど、双方とも相手をアテにする。高齢者夫婦に、最後に残るのは戦略的互恵関係だろう。お互いが礼節を守って上手な家庭内交渉が行なわれれば、両者はよい関係を続けられる。よい関係を続けたいなら、緊張関係を保ったまま過ごすのがいい。

だが現実に、どちらかがアテにし始めると、バランスが崩れてしまう。アテにされると重荷と感じる。してやれることでも「したくない」という気持ちになる。アテにされていないと、「してあげようか」という気にもなる。してもらうほうも、予想外だからプレゼント感覚で素直に喜べる。

こういう関係に持ち込むには、お互いに謙虚で控えめ、あまり要求がましいことはいわないにかぎる。それでもしうまくいかないようなら、「自分の教育の仕方が悪かった」と潔くあきらめるしかない。

「人生では計算ができる必要がある。しかし、それは他人をアテにすることではない」（ポール・ジャン・トゥーレ／フランスの詩人）

世の中への関心をなくすな

「好奇心」を持つことは、年をとらないコツだと思う。森羅万象《しんらばんしょう》に「何だろう」と疑問を持っていれば、年をとっている暇はない。いつでも、どこでも世の中への関心を持ち続けたいものである。私自身、若い頃から好奇心は旺盛だった。何でもやってみよう、試してみようの心構えで、とにかく行動に移したものだ。

かつて、海外へも「世界一周」の航空チケットを入手して、南回りの機内で何泊もの長旅をした。たしか、パンナムの○○一便だった。降りたところはロンドンのヒースロー空港。ここからカタコトの英語でヨーロッパのあちこちを回り、宿泊はユースホステル。食事は、その土地のものを中心に何でも食べた。食い意地は張っているから、いまでもミシュランの星の店をあちこち訪れる。

本も片っ端から読んだ。東西の名作といわれるものを中心に、若い頃しか読めないといわれる長編小説、トルストイやドストエフスキーをはじめ、『チボー家の人々』、トーマス・マンの『ブッデンブローク家の人びと』など。推理小説もウイリアム・アイリッシュの『幻の女』をきっかけに、ハヤカワ・ミステリを何百冊も読破した。いまでも、話題になった本は何でも読む。乱読の中で、スタンダールの『赤と黒』の主人公、ジュリアン・ソレルに憧れてみたりしたが、実行できたのは、スタンダールの墓碑銘《ぼひめい》である「書いた、愛した、生きた」くらいだ。

観たい映画も、すぐに観に行く。いま好きな女優はペネロペ・クルス。音楽も、暇さえあれば聴きに行く。すべて単独行動。前にも書いたが、一人のほうがチケットをとりやすいからである。クラシックは「炎のコバケン」こと小林研一郎氏の指揮を中心に、ジャズも「ナベサダ」こと渡辺貞夫氏あたりがきっかけだった。上原ひろみはデビューの頃から追っかけだ。

また、スペインはパコ・デ・ルシアのフラメンコ・ギターにハマったり、いまは舞台も大きくなってしまったが、以前のブルーノートにはよく通った。いまでもキース・ジャレットの日本公演は、必ず聴きに行く。津軽三味線や太鼓も好き。ドラム・タオにも行く。

絵画も、海外へ出かけるときは、あちこち美術館めぐりをした。ピカソの「ゲルニカ」がバカでかく、別扱いの美術館に飾ってあったのには驚いた。ゴッホの「星降る夜」の実物の色彩力には思わず引き込まれたりもした。いま自宅にあるのは、もちろんリトグラフだが、東山魁夷、ジョアン・ミロ、千住博氏の「ウォーターフォール」などである——。

このように、かなり支離滅裂、精神分裂気味の趣味だが、本人はそれでいいと思っている。この調子なら、たとえ一〇〇年、二〇〇年、生き続けても興味が尽きない気がする。「細かいところを見るようになれば人生や世界は、面白くて仕方のないところです」（養老孟司『養老訓』新潮社）。これは本当にそうだ。

思えば、明治維新のときからそうではなかったか。鎖国によって、世界の情報に疎《うと》かった当時の人々は、黒船以来、海外の情報を欲した。吉田松陰は遊学先の江戸で、清国やオランダから持ち込まれた文献の漢訳本を片っ端から読破した。

維新の志士は争って外国の事情を知りたがり、知れば自身の血肉化に努めた。明治になって日本が開国するや、西洋近代文明にすぐ追いつけたのは、日本人全体に世の中への関心があったからだ。いわば好奇心の賜物《たまもの》である。

「知る」ということは、頭の中にしっかりと記憶を残して、ほかの知識と組み合わせ、新しい情報価値を生み出すことである。これが大切なのだ。だが、ネットで何でも知ることができる世の中になって、実際、多くの人は何でも知るようになったが、それで知的レベルが上がったかといえば、そうとはいえない。

なぜか。好奇心がないからである。「知っているか」と聞くと「知っている」と答えるが、ただそれだけ。知識として知っているに過ぎない。関心がないと、こういうことになる。いまのように、いくらでも情報が入手できる時代は、世の中への関心さえ失わなければ、好奇心は衰えない。

では、世の中への関心をどうやって持ち続けるか。それには、しっかり自分の目で見て、耳で聞き、舌で味わい、肌で感じる。何に触れても感動し、感心する。何事も面白がる。いつもそういう態度でいれば、好奇心は健在で、世の中への興味は尽きることがない。

「不景気を克服し、経済を再建する秘訣はイノベーションです。イノベーションには何が必要か。知的好奇心（驚く才能）を持つことです。じつは知的好奇心こそ、資本主義の命なんです」（小室直樹／法社会学者）

健康留意は老後の必須事項である

健やかに老いるということを考えるとき、「健康」に気をつけるのは当然だ。年をとっても、食べたいものを食べるのがいちばんいいと信じている。以前『長生きしたけりゃ肉は食べるな』（若杉知子／幻冬舎）という本もあったが、私は肉が好きだ。周囲を見回しても、肉食中心の人はみんな元気だ。その代わり、コレステロール値は高い。

まあ、こんなものは多少高くてもどうってことはないと割り切っている。壮年期の健康数値と高齢者のそれとは、違うことを心しておきたい。

一方で、高齢者間でいつも話題になるのは年金の話ばかり。どんなにたくさん年金がもらえても、病気になって寝たきりになったら、第二の人生を楽しむことはできない。いくら「先立つものはお金」であっても、昨今の人たちは、お金に目が行き過ぎていると思う。

「健康は第一の富である」という言葉がある。一九世紀アメリカの思想家ラルフ・ワルド・エマーソンがいったものだが、いま一度われわれは、この言葉をかみしめてみる必要があるだろう。

なぜ改めて、こんなわかりきったことを言い出すかというと、医学・医療というものが、いわれているほど信頼が置けるものではないらしいからだ。

医学は「日進月歩で向上している」と、私たちは漠然と思っている。ガンだって診断法、治療法が発達し、やがては征服することができる。そんなふうに考えてはいなかったか。

だが、それは誤解、錯覚で、ガンで進歩したのは診断法だけで、治すのは、まだ発展途上だそうだ。

多数のガン関連の著作で知られる医師の近藤誠氏によれば、「ほとんどのガン検診は無意味」らしいが、本当にそうか。

彼はその無意味の理由を、「なぜなら、そんな高い確率でガンが見つかるわけではないこと、見つかったとしても、多くのガンは治療法がない。治療と見える行為はするが、さして有効でない」ともいうが、それには疑問を感じる。ガン検診は無意味だからといって、受けないで手遅れになったらどうするのか。ちなみに近藤氏は内科ではなく、放射線の医師である。

私自身、胃ガン、膵臓《すいぞう》ガンなどを患《わずら》ったが、手術をしてもらって治っている。ガンは手術が可能なら、これがいちばんいい。ガン治療でいえば、手術、放射線、抗ガン剤の順だと思う。どんな医師でも患者と向き合ったとき、できるだけその患者を治そうと努力するものだ。それが医師の務めでもある。

効率よく解決してくれるのが外科手術だが、次に画期的な方法ができるとしたら、iPS細胞による治療が実用化されたときかもしれない。ほかの病気もガンと五十歩百歩。だから第二の人生を充実させるためには、車の整備のように、体も徹底して整備しなければ寿命を全《まっと》うできない。

私たちは何かというと、年金制度に不信の目を向け、将来については否定的な見方をするが、それよりも医療について不信の目を向けるべきだろう。つまり、健康留意ということだ。たとえば同じガンになって治療を受けても、治る人と治らない人ができるのは、体の頑健度、基礎体力が問題になるからだ。

ふだんから健康に気を配って基礎体力のある人は、困難な治療にも耐えられ、よい結果が出せる。「病気は医者が治すのではなく、患者自身が治す」といわれる所以《ゆえん》だ。

では、どんな点に注意すればいいのか。食生活と運動と心がけである。食べたいものを食べて、よく歩き、ストレスの少ないライフスタイルを守っていれば、生活習慣病にはかかりにくい。

現代の病気と医療の関係について、ある医師がいった言葉が忘れられない。彼は何気《なにげ》ない調子で、私にこういったのだ。

「病気になったとき、私たちは診断して、治療計画を立て、患者さんの合意のもとに治療に最善を尽くします。それで結果なんですが、これはもう、治る人は治る。治らない人は治らない。それしか言いようがない。どちらかは医者にもわからないのです」

自分の意見をもっと語ればいい

東京・新橋駅は、街頭インタビューによく使われる。夕方、仕事を終え帰路につくサラリーマンに、テレビ局の人間が「あなたはどう思われますか」とマイクを差し出す。だが、その答えがあまり面白くない。

日本人は空気を読むのが得意だ。いま世の中は、どんな意見が大勢を占めているか。それを読んで、当たり障《さわ》りのないことをいう。それが大人の振る舞いだと思っている。マイクを突きつけられて答える意見は、自分の意見ではない。マスコミの意見なのだ。

外国人は違う。身分を問わず、きちんと自分の頭で考え、自分の意見をいう。日本人の答えには「それでいい」と思っているフシがあるが、その事なかれ主義が、日本をどれだけダメな国にしてきたか。総括したほうがいい。

何よりよくないのは、自分の頭で考えて答えていないことだ。これだけ情報の多い世の中だ。どんなことを聞かれたって、自分の考えを述べることはできるはずである。それが拙《つたな》かったり、見当外れだったりしても一向にかまわない。だが、日本人は見栄っ張りなのか、臆病なのか、他人が「えーっ！」と驚くような意見は、絶対にいおうとしない。

サラリーマンの世界では、異端児は排斥される。確かな実力を持ちながらも、多数の中に紛れ込んで、目立たないようなタイプが好まれる。

だが、街頭インタビューは仕事の世界の話ではない。仕事を離れた一個人としての意見を求められている。それをまだ会社にいるような調子で、どこかで聞いたような回答しかできないのは、みっともなくはないだろうか。

テレビや新聞、雑誌などが揃って主張している意見を、そのまま自分のものとして受け入れてしまうと、少なくともバランスを欠く。そういうときは、まったく逆の考え方も考慮しなければならないのだ。

ここに格好の材料がある。原子力発電についてだ。日本は唯一の被爆国だから、放射能の害についてはいちばん詳しくていいはずだが、たぶん、いちばん無知である。ただ「怖い、怖い」といっているだけ。

いま世界では放射能の害について相当な研究が進んでいて、定説では「一〇〇ミリシーベルト程度の放射線の害は、ほとんどない」といわれている。だとすれば、東日本大震災のガレキを怖がる必要はないと思う。

だが、マスコミはそれを公表しない。要するにマスコミも、世間の空気を読んで偏《かたよ》った報道をしているということである。そんな報道からつくられた世論を読んで、差し障りのない意見ばかりを唱えていたら、みんなでどんどん間違った方向へ進んでいくだけではないか。

少なくとも過去二〇年間の日本は、そういうことを繰り返してきた。日銀の金融政策にしてもしかりである。定年退職した人間は「一丁上がり」の立場だ。企業にいるときは、企業の秘密を明かせなかったが、もうそんな立場ではない。

ナマの秘密を明かせないまでも、いつまでもサラリーマン時代の延長線上でいなければならない義理はない。せめて自分の頭で考え、自分の意見をはっきりいうことくらいしなければ、とうてい自立した一人前の大人とはいえないと思う。

定年後はより知的に生きるべきだ

正面切って「知的生活」というのは、たしかに恥ずかしい。だが、それは私たちが十分に知的な存在であるから。サラリーマン時代も、どんな職業であれ十分知的だったはずだ。女子を対象に、「職場で魅力的だと感じる男性社員の条件」というアンケートをとったところ、ベストファイブは次のようになった。

第一位　仕事がデキる
第二位　やさしい
第三位　話しかけやすい
第四位　みんなをまとめるのが上手
第五位　ミスをフォローしてくれる

これらの要素を、全部備えた男性を想像していただきたい。容姿、スタイル、性格など、いろいろな要素が絡んでくるだろうが、「知的」という表現がピッタリだ。あえて「知的な人」といわないのは、すでに知的であることが大前提になっているからだ。実際に、バリバリ仕事がデキて、女性にやさしくて、話をよく聞いてくれて、リーダーシップがあって、失敗を補完してくれるような男性が、バカであるはずがない。

また、東大や京大などの超一流大学出がもてはやされるのも、知的レベルが高いことへの憧れだろう。人の魅力を形づくる要素はいろいろあるが、男の場合、イケメンとか高身長、経済力、家柄などは、自分の力ではどうしようもないこと。誰にでも挑戦できて、当たり外れのないのが「知的であること」なのだ。

このことは高齢になっても同じだろう。

「力といえども、知性なくしては無に等しい」（ナポレオン・ボナパルト／フランス皇帝）

もう、おわかりだろう。何だかんだいっても、知的レベルを上げることは、いくつになっても、誰に対してでも通用する魔法の杖なのである。というわけで、高齢になったら、より知的になることを心がけてはどうだろうか。

私が若かった頃は、仲間うちでは「無知は恥」という意識があり、争って本を読んだ。読めば、お互いに感想を熱っぽく語り合ったものだ。

近年、人々の関係が希薄になっているのは、本を読まないために教養レベルが下がってしまい、語るに足る共通の知的基盤を見つけられないことが大きい。いい大人が、酒を飲みながら、芸なしタレントやワンフレーズ芸人のバカ話につきあっているのでは寂しすぎる。

では、知的生活はいかにするか。まずは何を聞いても、相手の話に「へぇー」と感心することである。知っていても、いちいち語らない。人の話をよく聞いて、自分の意見は控えめにする。そうすれば、誰からも学べるし、新しい情報もどんどん入ってくる。

幸い、脳のキャパシティーは年齢に関係がないから、いくら詰め込んでもパンクの心配はまずない。要するに「われ以外、すべて師」という謙虚な心構えで臨めば、人の輪も広がり、退屈することもない。気がつけば知的な人間になっている。

年相応の貫禄を身につけること

ノスリという鳥は、タカの仲間で猛禽類《もうきん》だが、顔がやさしく、性質も穏やかなため、カラスからもバカにされている。

何とも情けないが、人間も一定の年齢を重ねてきたら、年相応の貫禄を身につけないとノスリのような扱いを受けることになる。たいていの人は、年とともに「らしく」なっていく。だが、なかには自分がなかなかそれらしくなれなくて悩む人もいる。

また、自分では気がつかないが、いい年なのに、少しも「らしく」ない者もいる。近頃は、そんな年相応の振る舞いができない人が増えているような気がする。

貫禄などというものは、しかるべき地位や立場にある人間だけが持てばいいので、「自分には関係ない」と思っている人もいるだろう。

だが、誰もが自分の年齢や立場にふさわしい貫禄を持つ必要があるのではないか。たとえば女性が外出するとき、熱心に服装を選び、化粧を施《ほどこ》すのだって、自分にふさわしい尊厳を保つためだろう。

中高年になったら、年齢にふさわしい威厳、貫禄を身につける努力をしたほうがいい。それが、第二の人生の充実に大きく関わってくるからだ。

このことが、いまどきの人は意外にわかっていない。その結果、「それでも一人前の大人なのか」と疑いたくなるような人間がそこここに出現している。

人が貫禄を気にするのは、自分がいまの年齢、地位、立場にふさわしい人間であるかどうかを気にしているからである。そして、貫禄をつけようと努力する。

定年退職すると、社会的な地位、立場から解放され、年齢と、あとは個人的な立場だけが残る。そのとき、あなたは自分にふさわしい貫禄を身につけていられるだろうか。

では、どうすれば貫禄を身につけられるかという問題だが、貫禄は、顔つき、態度、物腰、言葉遣いなど外に表れる要素が大きい。これらは外見的なものだから、習得しやすい。だが、真の貫禄というものは、自身の内面からも出てくる。したがって貫禄をつけるためには、内面を充実させなければならない。

貫禄がないと自覚する多くの人たちが悩むのが、この点だ。では、内面から出てくる貫禄を身につけるには何が必要か。

教養や知識も必要かもしれないが、何より大切なことは、いかなる年齢、立場であれ、何事にも真摯に取り組むことである。どれだけ真摯に取り組んだか、その差が貫禄の違いになって表れるのだろう。

「真摯さは、ごまかしがきかない」（ピーター・ドラッカー／アメリカの経営学者）

定年後は何でも笑ったほうが勝ち

夫婦二人きりになって、家の中でお互いにブスッとしているのは精神的にもよくない。テレビ番組を見ながらでも、できるだけ笑うことを心がけてはどうか。

とくに、あなたがあまり笑わないタイプだったら忠告したい。

「笑ったほうが勝ち」

一〇〇歳長寿者の年次推移表を見て驚いた。あまりに男女差がありすぎるのだ。

二〇一六年の厚生労働省の統計によれば、一〇〇歳長寿者は六万五六九二人である。五〇年前の一九六三年は、わずか一五三人だったことを考えると、まさに右肩上がりのすごい伸び率だが、男女別に見ると、なんと女性が八七・六%と圧倒的に多いのである。

この理由は何か。「笑い」の差ではないかと思う。人が一日にどれくらい笑うか調べた報告がある。それによれば一日当たり、男性は一時間一六分に対し、女性は二時間四一分。女性のほうが倍以上笑う。五〇代以降になると、女性は男性の三倍も笑っている。

これだけ男女同権が行き渡っている世の中だ。労働環境は同じだし、食べるものも着るものも運動量も大差ない。ストレスの度合いもほぼ同一。いまの日本で、健康に関与する男女差は笑い以外には見当たらない。

昔から「笑いが健康にいい」とは聞いてきたが、これほどまでとは思わなかった。かくなるうえは、男ももっと笑わなくてはいけない。

こういうと、「おかしくもないのに笑えない」という人がきっと出てくるだろう。そういう人に、次の事実を伝えたい。

ダニエル・カーネマンというアメリカの心理学者が、興味深い実験を行なっている。鉛筆を横にくわえさせると、自然に笑い顔になる。ストローのように縦にくわえるとしかめ面になる。

学生に、この二つのくわえ方をさせてマンガ本を読ませたところ、横にくわえさせたほうが、より強く面白さを感じたという。ここからわかるのは、面白いか面白くないかに関係なく「笑うポーズは有効」ということだ。

笑うと体内で何が起きるか。血中の酸素濃度が増加し、脳内モルヒネが分泌される。その結果、キラー細胞が活性化して免疫力が高まる。また、セロトニンという脳内伝達物質が生成される。セロトニンは俗に「幸せ物質」と呼ばれるほど、人に快感を与える。

「人は誰でも不遇なときや、不運なときがあります。どこからどう見ても健康そうで、体力もある人が病気になることも珍しくありません。こんな逆境のときに、気持ちを奮い立たせ、やる気を起こさせてくれるのがセロトニンなのです。いわば不幸を蹴散らしてくれる『元気の素』ともいえるのですから、これほど貴重な『幸せ物質』はありません」(藤田紘一郎『腸内革命』海竜社)

「笑いは最高の抗ガン剤」をうたい文句に、全国で落語講演をしているアマチュア落語家がいる。元東レのビジネスマンだった樋口強さん(高座名「羽太楽家《はたらくや》はじ鶴《かく》」改め「一合庵小風《いちごうあんこかぜ》」)だ。

樋口さんは東レ在籍中の四三歳のとき、三年生存率五%の難治ガンにかかったが、見事に乗り越えた。自己の体験をもとに「笑いの大切さ」を普及して歩いている。

以上のような事実を、女性たちが知っているわけではないだろう。だが、彼女たちはどんなときでも笑いを絶やさない。笑い声でも、女三人寄れば姦《かしま》しい。だが、そんな彼女たちは、圧倒的に長寿を保っている。もはや笑いの効用は動かしがたい事実といえる。男も負けずに笑おうではないか。

「好い笑いは暖かい冬の日差しのようなものだ。誰でも親しめる」（島崎藤村／作家）

仲良し夫婦もほどほどがいい

夫婦仲良しはよいことだが、いつもベッタリでは困る。年をとればとるほど、夫婦はつかず離れずがいいように思う。そうでないと、もし片方がいなくなったとき、どう生きていけばいいか戸惑うからだ。

旅行なども、いつも夫婦だけではなく、夫も妻もお互いの友人と旅に出かけることをおすすめする。いつもベッタリでは、一人になったときに困るのではないかと思う。

私が知っているある夫婦は、二人で小さな印刷会社を経営している。人がやらないような細かい仕事をこまめに引き受けて、安定した経営を続けている。

同じ職場だから、きっと二四時間一緒なのだろう。いつ見ても二人一緒。コンビニでも居酒屋でも一緒だ。趣味もほとんど同じ。奥さんはシャキシャキ型、旦那はおっとり型だが、誰の目にもベッタリ夫婦としか映らない。

ふつう、見かけがそういう夫婦は、家ではけっこう葛藤《かっとう》しているものだが、もう数十年見ていても少しも変わらないから、仲良しは本物なのだろう。そんな夫婦に会うたび私が思うのは、「どちらかが亡くなったら、どうするのか」ということだ。

人さまのこととはいえ、誰もがいずれは出合う問題であり、そのとき、どう心の整理をつけるのかは、いまから考えておいたほうがいい。

このテーマを考えるとき私が真っ先に思い出すのは、平安歌人の在原業平《ありわらのなりひら》が詠んだ辞世の句、「ついに行く道とはかねて聞きしかど昨日今日とは思はざりしを」である。家族との別れの態度は、この句の逆でいけばよいのではないか。最愛の人との別れを、私は「今日、いまの出会い、会話が最後」と思うことにしている。

家族との別れは、自分が先に逝《ゆ》くのが順序だが、人生は必ずしもそうとはかぎらない。だから、自分が「死ぬこと」を想定するのではなく、「最後の出会い」とだけ想定する。実際に死とは、死なれた側にとっては「永遠に長い不在」に過ぎないから、それでいい。こう想定したときに、どんなことになるか。

別に死の床にいるわけではないから「さよなら」はいわない。その代わり「そのとき私にできる最善・最良のこと」をしてあげる。それだけだ。いつもそうしていれば、突然、永《なが》の別れの事態が生じても、私としては思い残すことがない。精神衛生上、なかなかよいのである。

人とのつきあいを、私たちは線として考えがちだが、現実は点の連続なのだと思う。いわば、毎日のルーティンワークの繰り返しだろう。ある人に生涯で一〇〇回会うとしたら、長いつきあいではあるが、「一期一会×一〇〇」と思えばいい。したがって、別れの言葉は口には出さないが、心の中では毎回告げている。

夫婦の別れの理想は「お前一〇〇まで、わしゃ九九まで。ともに白髪の生《は》えるまで」だろうが、そうそううまくいく人は、一〇〇〇人に一人、万人に一人だろう。女性のほうが長生きだから、男の別れの挨拶は「お先に」になるだろうが、それがいえるかどうかも誰にもわからない。

そのときになって、業平のような「まさか今日とは」の心境にはなりたくない。だから前もって挨拶をしておく。それを私流に表現したのが、前述したような考え方なのだ。

いまからでも尊敬できる人を持ちなさい

あなたの周囲に、心から尊敬する人物がいるだろうか。いないのなら、いまからでも絶対に持つようにしたほうがいい。年齢や地位、立場に関係なく、尊敬する人を持つことは、人生で大きな意味を持つことでもあるからだ。

ネットで「尊敬できる人物がいないってヘンですか」と聞いている人がいた。多くは「いたほうがいい」と回答していたが、なかには「ちっともヘンじゃない」というのもあった。だが、本当にそうでも、就活などではそう答えないほうがいい。

尊敬する人がいないということは、それ自体が、その人の人間性を物語っているからである。どんな場合でも、人物評価ではマイナスをつけられるだろう。

尊敬する人物がいないことが、どれだけおかしなことかは、たとえば歴史ドラマを見てみればすぐにわかる。王様といえば、すべての権力を持ったその国のナンバーワンだが、それでも敵が攻めてくるなど国難に直面したとき、あるいは迷ったり悩んだりしたとき、自分の先祖や神様に祈りを捧げ、アドバイスを得ようとする。

尊敬する人物がいないということが、どれほど傲慢《ごうまん》な言い草かわかるだろう。また、その人のものの見方、人の見方が薄っぺらであることの証《あか》しでもある。「この人は、物事をあまり深く考えたことのない人だな」と思われても仕方がない。

何もその人物に帰依《きえ》せよというのではない。世の中を眺め、知るようになれば、尊敬できる人物が自然にできてくるものだ。親でもいい。学校の先生でもいい。親戚のおじさんでもいい。歴史上の人物でもいい。

ウォーレン・バフェットといえば、世界的に知られたアメリカの大富豪である。彼はこんな言い方をしている。

「私は肩書には興味はない。尊敬するのはその人の業績だけだ」

大富豪ですら、尊敬する対象をたくさん持っている。

「私は社会人として手本としたい人がいる。それは父だ。父は家庭ではよき父親である。社会人としても、私は尊敬している」

新聞に載った高校生の投書である。見出しには「不言実行の父、感謝し尊敬」とついていた。息子にこう思わせる父親は、大したものである。

ある学生は尊敬する人物として、「祖父」「祖母」「父親」「母親」「イチロー選手」「明石家さんま」「織田信長」など、たくさんの人物を挙げた。脈絡がないようだが、一人ひとり「どこがすごいのか」をちゃんと指摘しているのだ。人間観察の眼力がなければ、こういうことはできない。これだけで、この若者には一定の評価が下せる。

もし、中高年になっても「尊敬する人物は？」と聞かれて即答できなかったら、かなり恥ずかしいということがおわかりいただけたかと思う。

「予は老人を尊敬する。多難な人生をその年齢まで生き抜いてきただけでも尊敬に値する。悪人はそこまで無事でいられない。ゆえに高齢者はすべて善民であり人中の人である」（曹操／後漢末の武将）

尊敬する人物が誰かより、いるかいないかのほうが、より大きな問題である。そういう人物がいる人は、よい配偶者に恵まれたくらい幸せなことである。

定年後に働ける道を考えておく

定年退職しても、給与さえ我慢すれば働き口があると思うのは大間違い。あっても駐輪場や、マンションやビルの警備・清掃などのパートくらい。それも競争だ。七〇歳となると、もう無理。もし定年前に「子会社でよければ」と、現役時代に誘いがあれば、給与の多寡ではなく、素直に受け入れたほうがいい。

もし一〇〇億円あったら――それでも、あなたは仕事をしますか?

ネットでこんな問いかけをしたら、「仕事をする」と答えた人が続出したという。いかにも勤勉な日本らしい光景だ。西洋社会の人間だったら、「仕事なんかするもんか」「遊んで遊んで、遊びまくってやる」という答えが圧倒的に多いだろう。

二〇一三年度から、高齢者雇用安定法の改正によって、定年が実質上六五歳にまで延長された。社員であれば、定年になっても、希望すれば給料は減らされるが、継続して雇用してもらえる。年金受給年齢の引き上げに対応してとられた措置だ。また近い将来、六五歳が七〇歳、あるいは七五歳にまで延長されるだろう。

高齢者といっても、いまは昔と違う。ヨボヨボの老人が働くのではない。昔の五〇代と遜色《そんしょく》のない容貌、頭脳、体力の壮年が働くのだ。

元気なうちは、同じ世代で体が弱ったり、病気で働けなくなった人たちの分まで働いて社会に貢献する。そんな気概を持って働けば、働きがいもあるというものだ。

問題は長らくデフレ不況が続いたことで、高齢者の働き口が少ないこと。

定年後も働くつもりなら、一つ大きな決心をする必要がある。それは「お金のために働かない」ということだ。

こういうと、「年金だけじゃ食えなくて働くのに、そんなのは無理だ」という人が出てくるだろう。それはその通りなのだが、もう子育ても終え、あとは自分たちが食べていければいいのだから、社会貢献ということにも意識を通わせ、「給料をもらえるだけでありがたい」という謙虚さが必要になってくる。

ところが、現役時代にそれなりの給与をもらっていた人は、それまでのレベルで考えるから、月給一〇万円などといわれると「バカにされた」と怒り出す。この先、そんな人間が増えたら、回復する景気の足を引っ張ることにもなる。

　先に述べた高齢者雇用安定法によって、定年組が六五歳まで働けるようになったことで、高齢社員をもっと活用しようという動きが広がっている。ただし給与面では、決して恵まれているとはいえないのが現状だ。

　これを見越して、中国や韓国からの人材の引き抜きもあるそうだ。日本で低賃金に甘んじて働くくらいなら、数年でも海外で働いて老後資金を潤沢《じゅんたく》にしようと考える人たちが現れても不思議ではない。だが、こういう話はけっこう裏があるらしい。ある外国企業から好待遇で誘われた大企業出身の研究開発者は、数次の面接で過去の実績を詳細に聞かれ、仕方なく資料まで提出して詳しく説明した。面接官も非常に喜んでくれたので、「採用間違いなし」と思っていた。

　ところが、突然の不採用通知。相手は開発研究の方法と内容を、彼から聞き出したかっただけなのだ。日本人特有のまじめさと人のよさが災いして、不本意ながら自社の秘密を流してしまったのである。

　六五歳を過ぎても、なお働く意志のある高齢者は、「お金のためには働かない」と考えたほうがいい。そのほうがチャンスも広がる。

海外で暮らしてみるのも悪くない

定年後は「海外で暮らす」という人もいるだろう。

日本にいれば年金だけでは暮らせないが、物価の安いタイ、マレーシア、フィリピン、ベトナムあたりなら、豊かな老後が送れるというのだ。

作家の末廣圭氏は、出版社で月刊誌の編集長をしていたが、五八歳で退職してフィリピンへ渡り、そのまま住み着いてしまった人だ。

「日本がイヤになってね。半年くらい海外に遊びに行こうかなと思ったのがきっかけです。フィリピンに知り合いの女性がいて『遊びにいらっしゃいよ。面倒を見たげるから』といってくれたので、そのまま……。独り身だから気楽なものですよ」

羨《うらや》ましいかぎりだが、しかし、誰もが末廣氏の真似はできない。せっかく海外へ行っても、遊ぶだけだと三カ月も経てば、することがなくなってくる。

「肝心なのは、どれだけ現地社会になじめるかですよ。言葉も話せず、メイドを雇い、日本人だけとつきあって、という生活では長続きしません」（末廣氏）

フィリピンやタイでは、物価が日本の八分の一から一〇分の一だから、年金を一五万円もらっていれば、日本にいるよりはるかに優雅な暮らしができる。だが、カネ目当てで近寄ってくる人間も多く、日本人が騙《だま》されるケースも少なくないそうだ。

お金を騙し取られて無一文——。こういうケースが目立つのがフィリピンだ。フィリピンでは、日本大使館に助けを求める「困窮邦人」が年間数百人は現れるという。

私の知り合いは、日本とタイのあいだを一年間半々くらいで行き来する生活をしている。春と秋、気候がよいときは日本にいて、夏と冬はタイへ。警備付きのコンドミニアムを借りて、いわばロングステイの繰り返しだが、年金プラス一〇万円ほどの費用で十分やっていけるという。

いまは、どこの国でもカントリーリスクがある。それを考えたら、永住ビザがもらえても、「いきなり移住」は冒険だ。とにかく、ロングステイにとどめておくこと。

ただ生活費が安いという理由だけで、海外で暮らすというのは、ちょっと動機不純である。それなりの目的を持ったほうがいい。ある程度腰を落ち着けて、自分の持っている技術や技能を教えるのも悪くない。

だが、現地で生活するとなると、どうしても日本人同士の寄り集まりになることが多くなってしまう。一年間もロングステイして、現地人との会話が一つもできなかったという人さえいる。ただ安いだけの生活をするために行ったのかと、疑いたくなる。

マレーシアに渡った日本人が、無料で日本語教室を開講した。だが、思わぬクレームがついた。有料で日本語を教えている人たちの職場を奪うことになったからだ。国際情勢を考えるとき、こういう気配りも必要になる。

とくに資格を必要としない学校もあり、国際交流に役立ちながら、海外暮らし願望を満足させるには格好のものだろう。

東南アジアではタイ、マレーシア、フィリピン、ベトナム、インドネシアなどが、ロングステイのターゲットになるが、カナダでも日本人を受け入れてくれる。

老いの才覚とは「年の功」のことだ

何かとお騒がせな石原慎太郎氏だが、私自身、彼を認めているのは作家としてである。彼の『太陽の季節』に斬新な刺激を受けた世代だからだ。東京都知事としての実践は、それほど大したものではないと思う。

維新の会の橋下徹氏と連携したこともある。彼は「橋下くんは義経、私は弁慶に徹する」とも発言していた。そのときは、政治家としての自分をあきらめて、志を後身に託す気になったのだろう。

あなたがまだ若いとき、高齢者とつきあって「さすが、年の功だな」と感じたことはなかっただろうか。そして、自分がいま同じような年齢になって、若者を感心させられる言動ができるか。その言動を、自信を持って伝えることができるか。

「ダメだ。みっともないからやめなさい」ともいえるか。自信のある人は少ないと思う。

電車の中での化粧は誰が見てもみっともない。だが、それをたしなめることはなかなかできない。それがふつうだろう。家を出るときにやっておくべきことを公衆の面前でやるのは、やはりおかしい。コートを着て帽子をかぶったまま外食しているのと同じである。

いま、日本の高齢者は幼稚な人が多い。作家の曽野綾子さんに『老いの才覚』(ベスト新書)という本がある。曽野さんは、老いる才覚を以下のように述べている。

①「自立」と「自律」の力
②死ぬまで働く力
③夫婦・子どもとつきあう力
④お金に困らない力
⑤孤独とつきあい、人生を面白がる力
⑥老い・病気・死と慣れ親しむ力

⑦神様の視点を持つ力

この七つに分けて論じているが、多くの高齢者は、この七項目について力不足もいいところだろう。私が子どもの頃を思い出すとき、老人はおおむね立派だった。当時、立派だと感じていたわけではないが、威厳というか存在感があった。

また祖母は「神様の話」をよくした。母親は死や老いのことをよく語った。そして「だから老人を大切にしなさい」と諭《さと》した。

近所には、人を寄せつけない変わり者の高齢者がいた。人から揶揄《やゆ》されながらも、なぜか興味をそそられる寅《とら》さんみたいな人だった。いくつになっても黙々と仕事をしている職人さんもいた。

いま思えば、みんな大人だった。思い思いの形で、誰もが老いの才覚を発揮していたのだ。もちろん、当時でも、ダメな大人、軽蔑すべき大人はいた。「ああはなりたくない」と子ども心に思ったような大人もいたが、いまはそんな高齢者であふれ返っている。

かくいう自分だって、人から見たら「そんなことがいえた義理か」と冷ややかな目で見られるのかもしれない。人は時代を創り、時代は人を創る。いかなる時代であれ、人は時代の子であるから、同時代人への批判は自分に降りかかってくる。

現代が過去に自慢できることは、豊かさと長寿である。過去の人類はそれを夢にしてきたから、われわれはそれを実現したことになる。その代わり、先人たちがつくったよいものを、ことごとくダメにしたのかもしれない。次の言葉が、耳に痛くないか。

「老人が長く生きてきたことを証明するものを、年齢以外に何も持っていないことほど不名誉なことはない」（ルキウス・セネカ／古代ローマの哲学者）

第3章

定年後を愉しめる人、愉しめない人

読書はもっとも簡単な若返りの法

電子書籍でも、紙の本でもいい。高齢者になっても、死ぬまで「本は読まなければダメだ」ということをいいたい。どんな時代になっても、読書した者ほどしたたかで強くなり、豊かな人生を送れるという真理に変わりはない。紙媒体の将来を危ぶむ声もあるが、そんなものは大いなる幻想に過ぎない。

日本人が本を読まなくなったのは事実で、その理由もわかっている。大人が読書しない理由のトップは、「仕事、家事、勉強が忙しくて本を読む時間がない」ためである。若者が読書しない最大の理由は、「本を読まなくても不便がない」からだ。最近はスマホを誰もが手にするようになって、いっそうこの傾向が強まっている。

以上の二つの理由は、当面、解消されるどころか、ますます広まっていくだろう。だとしたら出版界はこの先、暗いままか。

私はそうならないと見ている。若い層になるほど書店へ行く頻度《ひんど》が高いことや、本の購入に所得の問題が大きく関わっていることがわかったからである。

また、小さいときに「読み聞かせ」の経験をした者は、比較的よく本を読むようになる。絵本の読み聞かせは、子どもの学力アップに役立つことが知られ、デジタル、アナログとも盛んになるので、これが下支えになるのではないだろうか。

さらに、世帯年収が高いほど読書量が多い傾向が見られるので、この先、デフレ不況から脱却できれば、人々の所得も増えて、読書人口も増加に転じると推測できる。電子書籍も普及するだろうが、私は両方を経験してみて、やはり読書として頭によく入るのは紙媒体のほうであると思った。

いま、読書量がもっとも少ないのは三〇代だが、この層はいちばんインターネットの影響を受けている。本を読まなくても不便がないと実感していることが、紙の本から遠ざかる大きな理由だろうが、これからは紙媒体の本当の価値に気づくだろう。

それに既刊本が電子書籍化されることで、本の普及が大規模に拡大し、本当に勉強したいと思う人は、紙媒体の本へと向かうだろう。あれこれ考えると、本がなくなるようなことは起こり得ないというのが、書籍の近未来に関する私の結論だ。

以上の私の推測は、出版文化産業振興財団の行なった「現代人の読書実態調査」のデータに基づくが、もう一つ奇妙なデータを見つけた。

アメリカの調査会社「NOPワールド」調べによれば、世界主要三〇カ国の「読書時間ランキング」(一週間)」で、日本はビリから二番目なのである。

どう考えても腑《ふ》に落ちない。

データによれば、第一位はインド(一〇・七時間)、第二位がタイ(九・四時間)、第三位に中国(八・〇時間)と続き、カナダ、ドイツ、アメリカ、イタリア、イギリスなどが平均以下の低ランクにきていて、日本が第二九位(四・一時間)、ビリは韓国(三・一時間)である。

エジプト、ベネズエラ、インドネシア、ブラジルなどの国民よりも日本人の読書量が少ないことに納得されるだろうか。

これが事実とすれば、識字率と読書量は反比例することになる。日本人で新聞を読めない人はいないだろうが、東南アジアの中には、自分の名前も書けない人が少なからず存在する。このデータは「何だ!」といいたくなる。

このような意味不明なデータが出ること、そのものがおかしい。いったいどのようにして調べた数字なのか。根拠を明確にしてもらいたいものだ。何でもデータや数字をアタマから信用するクセはつけたくない。

ともかく読書は習慣である。本はどこでも読める。これからの高齢社会は、人々が一人暮らしを強いられる社会でもある。そのとき、読書はよき友になってくれるはず。最近、読書量が減ったと思う中高年たち、どうか読書を復活させてほしい。

「読書とはもっとも簡単で、もっとも効果的な美容術であり、若返りの法だといいたい」(河上徹太郎／文芸・音楽評論家)

手書きの効用を忘れてはいけない

ワープロ、パソコンの登場以来、私たちは手書きで文字を書く習慣を次第に失って、いまでは一日に一文字も書かなくても生活に困らない。読めても書けない字が、圧倒的に多くなったのが現実だ。

この事態は、絶対によくないことだと思う。手書きが持っていた効用が失われてしまうからだ。手書きの効用とは何か。私は次のように考えていた。

①漢字を覚える——手書きをすることで漢字をよく覚えられた。字を知るとは「読み書きできる」こと。難しい漢字は「読めても書けない」ことがあるが、最近はそういう漢字が増えてきた。つまり、手書きをしないと漢字を書く能力が衰えていくからだ。

②文章がうまくなる——手書きをすると、文章能力がキメ細かくなる。ワープロが出現したときに「文章が荒れる」と心配されたが、「慣れの問題」で片づけられてしまった。だが、実際に近年は人々の文章能力が低下している。

③ボケ防止になる——手先をよく使うことで、脳の活性化に役立つ。文字を紙に書くことは、筆圧が必要で、手先のよい運動になる。こうした作業はボケ防止に一役買っていることが、研究で確かめられている。

④人間関係をよくする——手紙など手書きのほうが、心が込められ、もらったほうもぬくもりを感じられる。いまはメールのやりとり、あるいはプリント文字が多いが、書き手のぬくもりが感じられない。このことは年賀状でも明らかだ。

まだ、ほかにも文章作成上、言葉にしにくいニュアンスの変化など、いくつかの効用が指摘できるが、だいたいこの四点が主なものである。ただ、これらのことを、いままでは誰もきちんと説明できないでいた。

ところが、思わぬ援軍が現れた。イギリスのサンダーランド大学が行なった「手書き日記とデジタル日記の比較研究」である。紙（A5判）に書くグループと、P

DA（携帯情報端末）を使ってブログに記載するグループとに分けて調べてみると、次のような違いが明らかになったのだ。

①紙グループのほうが、デジタルグループよりもよく日記をつけていた。
②紙グループのほうが、一回の記入量が多かった。
③紙グループは、過去の記憶や学習と結びつける傾向が見られた。
④デジタルグループは、利便性をメリットに挙げ、紙グループは何度も読み返したくなることをメリットとして挙げた。

この両者の違いが、私にはよくわかる。

文章作成作業を液晶画面で行なっても、推敲《すいこう》するときにはプリントアウトして、紙の文字を見ながらのほうが、はるかにやりやすく、発想も豊かになるのだ。

デジタルがここまで進んだのだから、文章作成作業を「元に戻せ」などと野暮なことをいうつもりはないが、一方で、手書きで文字を書く習慣を失うことは、読み書き能力を著しく衰退させる危険性をはらんでいることは、知っておいたほうがいい。

いつまでも若くしっかりした脳機能を保持するためには、手書き作業をやめてはいけない。手書きと疎遠にならないためには、日記をつけるか、手紙や葉書をどんどん出すクセをつけるといい。

老後は暇もある。手書きの手紙や葉書をもらったほうは、きっと喜ぶに違いない。「六〇の手習い」ではないが、以前から字が上手とほめられているのなら、筆を使っての習字を始めてはいかがか。

筆文字は日本古来の文化でもある。上達すれば、近所の子どもたちを集めてお習字教室を開いてみるのも手だ。授業料なんかとらなくていい。若い子どもたちと触れ合うだけで自分自身も若返るはず。ペン習字もいいが、何といっても筆の習字が勝る。

五感に利くライフスタイルを取り戻せ

人間はもともと自然の一部である。文明が発達する以前の人類は、五感を頼りに生きてきた。しかし、いまの都会生活者は五感を摩滅《まめつ》させてしまっている。

五感とは視覚、聴覚、味覚、嗅覚、触覚の五つであることはいうまでもない。私たちは、これらの機能を使って生きている。目も見え、耳も聞こえ、味もわかり、匂いも感じ、皮膚感覚もあるので、自分の五感は正常だと思っている。

だが実際、身の回りに五感をダメにするものがあふれているので、五感はどんどん擦り減っている。よい例が味覚や嗅覚の衰えだ。化学物質がいっぱい入った加工食品を食べているため、味覚がおかしくなり、食材本来の味がわからなくなった。

昔は臭いで腐っているかどうかを判断していたが、いまは数字の賞味期限を頼りにする人が多いため、嗅覚は鈍くなる一方だ。動物は臭いをかいで、食べても大丈夫か判断する。つねに嗅覚を使っているから衰えない。

聴覚も現代人は危険にさらされている。難聴が増えているのだ。ヘッドホンやイヤホンで大音量の音楽を聴くクセをつけたためである。

視覚は五感の中でも、もっとも使うことが多いものだが、パソコンや携帯の普及以来、私たちは眼を酷使している。いつも眼科が混んでいるわけだ。

触覚は冷暖房によって、本来の皮膚機能が失われがち。本来、寒暖の差を感じることで、正常な機能を保ってきたが、居心地のよい環境を人工的につくり出したことで、触覚も鈍麻してきている。

文明の利器も、五感の敵の側面がある。キッチンにとりつけられたガス警報機が作動するまでガス漏れに気づかないのは、それだけ嗅覚がバカになっているからだ。マムシとりの名人は、吹いてくる風の匂いを嗅ぐことで、付近にマムシがいるかどうかわかるそうである。驚異的な嗅覚だが、この程度の能力は、本来みんな持っていたものである。

五感を復活させるには、効率よく五感を使うことだ。そのためには人工のものにばかり囲まれていないで、自然の中に返ってみるといい。サクラの開花時期に公園に行くと、ほのかに桜餅のような匂いが漂っている。意識してかぐ気になれば、匂い立ってくる。

感覚器官は使えば使うほど鋭敏になる。味覚の復活には、調味料を一切使わず素のままで食べてみることだ。本来の味と匂いがたちどころにわかる。

触覚の訓練にはハンドバッグや鞄の中から小物を取り出すとき、目を閉じて手の触覚だけで探ってみる。この訓練を続けると手先の感覚が蘇る。

聴覚は音を聴くとき、できるだけ小さな音で聴く。はじめは聴こえなかったような音でも、耳を澄ますとだんだん聴こえるようになる。

このような五感の復活に、どのような効果があるのか。アンチエイジング効果である。私たちは目や耳の衰えで「年を感じる」ことが多い。年齢は暦年齢のほかに目年齢、耳年齢など、五感のそれぞれにある。

ときには少々奮発して、きちんとした料亭で正式な日本料理を食べてみるのもいいだろう。視覚、味覚、嗅覚、触覚などの五感に訴えるのが日本料理で、庭に鹿威《ししおど》しなどがあれば、コーンという音が聴覚にも訴えてくるだろう。

男も料理するのが必須科目

男性向けの料理教室が、退職後のシニア世代を中心に人気を博している。書店では男性向けの料理本コーナーが設けられている。人気タレントに、自慢の料理をつくらせる番組も視聴率がいいらしい。「男子、厨房に入らず」は古き過去の話。いまは男も積極的に料理に参加している。

「簡単な料理ぐらいできないと……」と考える男性が増えてきた証拠だが、これはよい傾向だ。料理は「食欲」という人間の本能を支える行為だからだ。趣味と実益ばかりでなく頭も使うので、ボケ防止にもいい。高齢社会にぴったりのスキルといえる。

近頃、グルメランキングガイド「食べログ」の評判がいまいちだという。評価が高いので行ってみたら、「全然違っていた」という声も聞く。

当たり前だろう。味というのは主観と好みの問題だから、他人が「美味しい」と感じたものを、自分も同じに思うとはかぎらない。

味だけは自分で確かめるほかはない。「食べログ」が悪いのではなく、評判を鵜呑みにして出かけていき、自分の好みに合わなかったと文句をいうほうがおかしいのだ。

食べるのは好きだが、「自分で料理までする気にはならない」という人は少なくない。実際にやってみるとハマるのが料理だが、経験のない人間はいつまでたっても、そのレベルにとどまりがちだ。そういう人が一歩先へ進むには、どうしたらよいか。

料理の腕を磨くことが、「第二の人生を充実させる重要なスキルである」と納得することだ。第二の人生を左右する大きな要素は三つある。お金、健康、社交の三つだ。料理の腕は、このうち健康と社交に関係してくる。

料理の腕が上がり、知識も増えてくれば、食材の善し悪しがわかり出す。このことは健康に大いに寄与する。また、料理がうまいと自宅に人を招待したり、逆にお呼びがかかったりする機会が増え、良好な人間関係を保つのにまことに好都合である。
「自宅で月一回は料理をする」という男性を対象に行なった、電通総研のアンケート調査結果がある。それによると、男が自ら料理する理由の順位は次の通りである。

第一位　料理するのが大好き
第二位　安上がりだから
第三位　カッコいい
第四位　外食より健康的
第五位　趣味の一環
第六位　妻との家事分担
第七位　もてなすのが好き

これで、おわかりだろう。かつて、ゴルフはビジネスマンにとって重要なスキルの一つだった。好きではなくても、取引先とのつきあいなどで、せざるを得なかった。「やれません」「やりません」では、ビジネスマン失格の烙印《らくいん》を押されかねなかった。

高齢社会の料理は、第二の人生を生きるうえで、かつてのゴルフに似た価値を持つのではないかと思う。近頃、男性のあいだで料理が人気なのは、多くの男性がこのことに気づき始めたからかもしれない。

また、料理にはゴルフにはなかった便法もある。それは自分で料理などせず、人のつくった料理をひたすら食べまくり、「美味しい、美味しい」を連発しまくることだ。恥ずかしながら、私は後者に属する人間である。

モノを書いてみる

「誰でも、本の一冊は書ける」とよくいわれる。あなた自身の過ごし方を書いてみる――つまり「自分史」である。いいこともあれば、つらいこともあった。そんな人生を振り返って、退職後、暇になったから、少しずつ書いてみる気になるのが自分史だ。

だが、この自分史という代物《しろもの》、お金をかけて自費出版したところで、いったい誰が読んでくれるのか疑問である。最低一〇〇冊くらいはつくって親戚や友人に配ったとしても、実際は誰も読んでくれないのが現実だ。

なぜなら、ほとんどの自費出版は、これまで自分のたどってきた道の自慢話だからだ。人はふだんから、他人の自慢話なんか聞きたくない。いつも自慢話をする人は、敬遠される。自慢話より、失敗談のほうが役に立つのだ。自慢も失敗も含めて、自分が生きた証しとして自分史を書いてみるのはいいが、自己満足で終わるのがほとんどだろう。

自慢話で綴られた自費出版は、お金を使って出版社を儲けさせるだけ。すべての自費出版がそうだとは言い切れないが、そんな著述者と出版社の駆け引きは、二〇一三年に本屋大賞を受賞した百田尚樹氏の『夢を売る男』（幻冬舎文庫）に描かれている。面白いから、自費出版を考えている人におすすめする。

文才があれば純文学でもいいが、それよりも、ふだんから推理小説が好きで、本もけっこう読んでいるようなら、推理モノを自分で手がけてみるのも面白いだろう。たとえば、自分で完全な密室をつくって、そこで殺人が起こる。さあ、この謎をどう解くか——といったアイデアから始めてみるのもいい。この方法は、某人気推理作家が披露していた話だ。推理小説を書くのに、手がけやすい入り口ではないだろうか。うまくいけば、出版社が本にしてくれるかもしれない。

近年は、「遅咲きの作家」が注目を集めている。二〇一二年の下半期に、最年長の七五歳で芥川賞を受賞した黒田夏子さんをはじめ、さまざまなミステリー大賞で、五〇代の主婦作家や、食堂で働きながら書き続けた五〇代の女性など、年齢を重ねてから受賞する人たちが増えている。

もちろん、小説を書くのは簡単なことではない。ブログを毎日更新するのとはわけが違う。だが高齢者は、たっぷりの時間と豊富な経験を持っている。その経験を才能として認める土台もできている。「何か書いてみようかな」という向きには、いい傾向といえるだろう。

推理モノにかぎらず、純文学でもエンタテインメントでも、あるいは時代小説でもいいではないか。かつて雑誌の編集長だった私の友人は、何百枚という原稿を何本も書きながら、松本清張賞を狙っている。文筆に携わった人の文学賞は、世にたくさんある。門戸は開かれているのだ。

「稼ぐ力」を失ってはならない

人間は、いくつになっても稼ぐ力を失ってはならないと思う。「もう一円の金も稼ぐ力がない」と思った瞬間から、自分に自信が持てなくなるからだ。「収入は年金だけか……」では、ちょっと男として情けないではないか。サラリーマンを長年経験してきた人間は、経済によって成り立つ社会の仕組みと「稼ぐ力」の価値を肌で知っている。

それだけに、自分が「稼ぐ力を失った」と自覚したとき、いい知れぬ不安感、寂《せき》寞感《ばくかん》を抱くことになる。この心理は、たぶん遺伝子に組み込まれているのかもしれない。

動物や昆虫は、生殖の役目を果たしたときが寿命の尽きるときである。自然の法則に忠実な彼らは、時間を決してムダにしない。しかし人間だけは、子孫繁栄の役割を果たしたあとも、延々と生き続けられる。

だが、心のどこかでは、それが不自然であることを悟っている。私たちが平均寿命五〇歳以上の長寿を手にしてから、それほど時間は経っていない。江戸時代でも、それはかなわなかったのだ。

「ヒトの寿命は、本来四〇歳程度。生殖活動が終わった者はすみやかに消え去るのが正しい生き方なのですね」（本川達雄『生物学的文明論』新潮新書）

私たちにそんな自覚はないが、無意識に感じているのは、たぶん稼ぐ力を喪失したときなのだ。だから、私は「死ぬまで働きなさい」と言い続けている。だが、いまは稼ぐ気力があって能力を備えていても、高齢になった者たちの働く場所は狭き門だ。

「五五歳、男性、資格は普通自動車免許、希望月収三〇万円」

ハローワークへ行き、この条件で入力したらどうなるか。作家の村上龍氏が、実際に試した結果が雑誌に載っていた。

それによれば、この条件では全国で一件も仕事はなかったという。それならと、「月収を二五万円」に下げてもゼロ。「二〇万円」でもゼロ。「一五万円」でも、まだゼロ。「一二万円」まで下げたら、初めて「三件」の求人があった――。

いまの日本の雇用環境は、特別な能力、資格を持たない中高年にとっては、これほど厳しいのである。まず、この現実を知る必要がある。

定年退職年齢になってから、「自分に稼ぐ力はあるのだろうか」と慌てても遅い。現役のときから、サラリーマンとしてだけでなく、別の方法でお金を稼げる能力を身につけておかなければならない。

子ども三人を抱えて離婚することになった知り合いのある女性が、私にこう語ったことがある。

「まだ三〇代でしょ。一瞬、頭をよぎったのは、生活保護なんかではなく、風俗の世界だったのよ。いざとなると、そんな気にもなるものなのね」

女性の場合は、このような奥の手もあるが、それも若いうちだろう。まして男が還暦を迎え、特別な能力がなければ、もう誰も相手にはしてくれない。少なくとも、雇用されるのは容易なことではない。

だが、ありがたいことにネット社会の現代は、雇用されなくても稼ぐことが可能である。どうやれば、いくらぐらい稼げるのか。どのくらいの期間で、お金になるのか。そのためには、資金はどれくらい必要なのか――。

定年退職後、小さな資本で起業してみるのもいい。ただし、ダメとなったら早く撤退すること。いつまでもグズグズしていると、老後資金まで失ってしまうからご用心。

かつてビジネスウーマンだった女性で、結婚して家庭に入っても、パソコンを使ってネットで商売を始める人もいる。男だって、できないはずはないだろう。

とにかく、さまざまな角度から、稼ぐ力を発揮できる才覚を身につけておくことだ。

定年後の友人づくりでの留意点

サラリーマンの人間関係は、定年とともに切れる。会社の人間関係は会社に勤めているあいだだけ成り立つもので、会社を辞めればそれでおしまいになる。学校時代の友人だって、学校を卒業すれば疎遠になる。会うのは同窓会くらいのものだろう。会社の人間関係も、原則は「それ以上でも以下でもないもの」と思うべきだ。それを「寂しい」と思う人がいるかもしれないが、どんな人間関係でも「別れ」はあるもので、会社の人間関係の場合は、組織を離れるときが別れのときなのである。

ただ、人間は人とつきあわずに一人で生きていくことはできない。会社の人間関係がなくなれば、別の新しい人間関係が必要になる。

それを、どうやってつくっていくか。定年退職者の場合、とりあえずは地域社会に密着した形になるだろう。生活の基盤が地域社会になっていくからだ。この新しい人間関係づくりが、うまくできない人がいる。そういう人に共通するのは、サラリーマン時代と同じような調子で友人をつくろうとする。それが間違いなのだ。

会社を通じての人間関係というのは、ある意味で簡単につくりやすい。仕事上、否応なく出会わされ、つきあわされる。好き嫌いなどいっていられない。

そうやって否応なくつきあっているうちに、気心が知れたり、あるいは損得勘定が絡まって、一定の友人関係が成立するわけである。こうした友人のつくり方は、学校時代も基本的に同じ。

ここから浮かび上がることは、定年退職するまでの私たちの人間関係は、家庭、学校、会社（仕事）を通じて生じているということ。サラリーマンの場合は、定年退職して初めて、フリーハンドで友人をつくる立場に立たされるわけだ。

定年後の友人づくりで気をつけなければならないのは、次の四点である。

①思想、信条が合うかどうか確かめる――これが一致しない人間とは、あまり深くつきあわないほうがいい。知り合っても友人として共通の基盤を築きにくい。せ

いぜい知人か顔見知りにとどめる。

②経験や教養の格差のない人を選ぶ――嫌みに聞こえるかもしれないが、現実にはこれは大きな要素となる。長年、組織の上層部にいた人間が、その経験がない人間と親交を結ぶとトラブルのもとになる。

③支払い能力の差を意識する――友人になるなら似通ったレベルの人間を選ぶこと。かけ離れた支払い能力の違いは、お互いの不幸を呼ぶ可能性が大きい。同等でも金銭貸借は厳禁である。

④趣味嗜好の合う人間を選ぶ――話が合うことがいちばん大切。それには、真反対の趣味嗜好では深いつきあいがしにくい。何かで一致しても（たとえば酒好き）、その人の本質をなす趣味嗜好を探り当てておく必要がある。

もちろん、以上の留意点は大原則に過ぎない。例外はいくらでもある。思想、信条が真反対でも「肝胆《かんたん》相照らす仲」ということもある。だが、この四点に留意したうえで「それでも」というならいいが、逆をやると失敗する。

積極的に一人旅をしてみる

現役時代から、休暇を利用して一人旅を続け、日本の都道府県を全部回った人がいる。彼は定年後、目標を海外に切り替え、「生涯一〇〇カ国」を目指している。

定年後に、誰もが「してみたい」と思うのが旅である。夫婦で温泉めぐりといった定番もいいが、人生のひと区切りをつけるために、旅は一人旅に出るのが最高だろう。旅行会社も心得たもので、「一人旅ツアー」といった企画を宣伝している。価格も安いものがある。

たとえば、東京から京都へ深夜往復バスを使って出かけ、ホテルに一泊しても最安値は一万円を切るプランがある。大手の旅行会社だからできる旅で、個人で正規の料金を払って行ったら五倍以上はかかるだろう。こんな旅のプランが国内に、海外にと目白押しだ。

その気になれば半年、一年は旅三昧《ざんまい》の日々が送れる。それもこれも、戦後の消費を支えてきた団塊世代が高齢者の仲間入りをしたことが大きい。

民間の消費が落ち込んでいるなか、いまや個人消費に占める高齢者の比率は四八%に上っており、今後も増加の見込みだ。高齢者は年金生活が大半だから、決して余裕があるわけではないが、彼らの年金受給の安定性を見込んでいるのだ。

一方、資金的に余裕のある富裕層向けでは、「クイーンエリザベス号でめぐる地中海・エーゲ海クルーズ」などに代表される高級旅行がある。パック旅行で二〇〇万円、オーダーメイドになると一〇〇〇万円クラスの商品まである。

しかし、私がリタイア組におすすめしたいのは、このような旅ではない。

海外の場合は不慣れなことも多いから、パック旅行も仕方がないが、国内では、気の向いたときに小さな旅行バッグ一つ抱えて出かけるような旅をしてもらいたい。それが旅であり、旅行ではない。

一人旅のいいところは、誰にも邪魔されずに、あちこち見て回れることもあるが、何よりいいのは、行く先々で新鮮な刺激を受けながら、来し方を振り返ったり、これから始まる第二の人生のプランを練ったりできることだ。

「とにかく旅に来ると、自分というものを省みるようにはなるね」

これは、島崎藤村の小説『新生』に出てくるセリフだが、第二の人生のとば口を旅三昧で送るというのは至福のひとときだ。

最近は女性の一人旅も増えている。夫婦で行く旅、お互いに一人で行く旅。夫は妻に、妻は夫に、よく相談のうえ、両方をやってみてはいかがか。

なかには、「そんな余裕はない」という人もいるだろう。そこであきらめてはダメだ。「安い切符一枚で房総半島一周ができるか」といったゲームのような旅から、「JRトクトクきっぷ」「青春18切符」などを利用して、全国の主な都市や観光地などに格安で行くことができるものもある。

要は、その気になれるかどうか。その昔、西行や芭蕉は募る旅心を満たす一人旅を心ゆくまでするために、世捨て人になる必要があった。

いまは、そんな面倒な手続きを踏まなくても、安全、快適を保障されながら、一人旅ができる。しない手はないだろう。

定年後起業をどう考えるか

高齢社会は「遅咲きの花」が咲き誇る世界でもある。サラリーマンを定年で辞めてから会社を興し、「一旗揚げてやろう」と手ぐすね引いている人もいるに違いない。

かねて「ほとんどの人が誤解しているな」と感じていることがある。それは「起業は若くなければダメだ」という固定観念である。

リクルートを立ち上げた江副《えぞえ》浩正氏は、大学在学中に起業した。孫正義氏は弱冠二二歳でソフトバンクの前身になる会社を創業した。楽天の三木谷浩史氏は銀行マンから三〇歳で転身して起業している。

比較的遅かった本田宗一郎氏は三九歳、井深大《まさる》氏は四二歳である。不肖、私も四二歳で独立した。邱永漢《きゅうえいかん》氏は「四〇歳が独立起業のラストチャンス」といっていた。これを信じるなら、「定年退職後の起業など遅すぎる。とても成功はおぼつかない」と思うに違いない。

だが、世の中は広い。実際には、起業で成功するのは若い人間ばかりではない。成功する人はいくつで起業しても成功している。起業に年齢制限はない。巷間《こうかん》、どういわれようと、こちらのほうが真実なのだ。

なぜ、そういえるのか。有名企業ばかりが会社ではないからだ。日本には現在二五〇万~三〇〇万社の企業がある。その九九%は中小零細企業だ。これらの企業の創業者は千差万別である。巨大になった有名企業の創業者ばかりを見ていたら、真実を見誤る。

定年後は小さくてもいい、起業を思いついたら即実行してみる。いまは一人でも借りられるデスクもある。できるだけ初期投資を小さくして、とにかくやってみることだ。

近年、起業の傾向は「老高若低」になっている。若年層の起業が減り、中高年の起業が活発だ。発明や発見のように、個人の才能や行動に委ねることの多い経営は別だが、起業は基本的に集団プレーである。創業者の年齢がいくら高くても何のマイナスにもならない。

遅咲きの成功者として有名なのは、東芝創業者の田中久重氏であろう。彼が東芝の前身田中製造所を東京・銀座に開いたのは、なんと七五歳のときである。

経験や人脈を生かせる点で、シニア起業はむしろ有利な条件なのだ。このへんで「起業は若いうちにかぎる」という思い込みから脱出しよう。定年後も意欲があるなら、雇用の創出、経済の活性化のために、大いに取り組んでほしい。

ただ、絶対に留意したほうがいい点がいくつかある。

一つは年齢からくる制約だ。聞くところによれば、二〇代前半で起業した孫氏は、当初「六〇歳で後継者に譲る」と考えていた。彼がそうするかどうかはまだ不明だが、自分の事業者としての限界を「四〇年」と見ていたことになる。

定年からの起業は「二〇年」がいいところだろう。二〇年を一つの目安に計画を立てればいい。したがって、あまり遠大なことは考えないこと。そのためには、次の三点を守ればいいと私は考える。

①初期投資を大きくしない

②ランニングコストを小さくする
③結果の出ないときは早く撤退する

とにかく、最初から大きな資金を投入しないことが重要だ。極端にいえば、小さな仕事場で机一台、椅子一脚で始めるくらいの気持ちが大切だ。そして、うまくいかないなと思ったら、さっさと撤退するにかぎる。

このポリシーを守れば、大きな不安や心配もなく、楽しくスタートできるだろう。うまくいけば、第二の人生は大いに充実するに違いない。

ネット社会とどう向き合うか

おしなべて高齢者は「機械もの」が苦手である。だが、これからの時代、パソコン、携帯、スマホと無縁に生きられるとは思わない。扱い方はどんどん便利になっているから、決して背を向けないほうがいい。

車の教習所で運転を習うとき、「なんて面倒なんだろう」と思ったはずだが、乗り慣れてしまえば少しも難しくなかったはず。パソコン、携帯も同じである。こういうものは「習うよりも慣れろ」の世界なのだ。

徳島県上勝町《かみかつ》のおばあさんたちが、高級料亭へ「つま」の木の葉を出荷する「葉っぱビジネス」を成功させているが、それを支えたのがパソコン。みんなパソコンを器用に扱う。「お金を稼ぐ」というしっかりした目的があると、高齢者でもちゃんと覚えられるのだ。

携帯やパソコンをうまく使えないことを年のせいにしてはいけない。何でも年のせいにするのは、古い脳科学の考え方に惑わされている。いまの脳科学では、脳は年をとっても肉体ほどには衰えない。頭は使えば、六〇歳でも七〇歳でもよくなるのである。高齢になってパソコンがうまく使えない理由はただ一つ、「面倒くさい」「いまさら苦労したくない」と自ら覚えようとしないだけだ。意欲がなければ、どんなに若くても何も覚えられない。年齢は言い訳にはならないのだ。

二〇一二年に電通総研が、六〇歳から七九歳の男女六〇〇人を対象に行なった調査によると、インターネット利用率は六〇代で五七％、七〇代でも二三％に達していた。この数字は今後、上がることはあっても下がることはない。いつまでも避けていると、時代から置いていかれてしまうことになる。

一般的なインターネットの活用は、情報収集（検索）、買い物（ネット通販）、コミュニケーション（交流サイト＝SNS）の三つである。

検索サイトによる情報収集は、退屈している人にとっては、最高の時間つぶしになるだろう。世の中の動きをいち早く知ることができるほか、お望みとあれば古典教養も大学レベルで学べる。検索機能を駆使できると、国会図書館、東京大学、大手新聞社、テレビ局を自宅に抱えるようなものだ。こんなすごい機能を利用しない手はない。ネット通販による買い物も、高齢者にとっては便利である。今日頼めば明日届く迅速な物流システムが整備されている。ただ、私個人の意見をいえば、衣料品類などはやはり実物を見て買わなければ満足できない。また、お金が動くだけに騙される危険もある。高齢者にとって、ネット通販の過信は禁物だ。

交流サイトはツイッターやフェイスブックなど、会員制のコミュニケーションの場がそうだが、私はそこまでやる気はない。メールでのごく身近な人との交流だけで十分だと思っている。下手にコミュニケーション対象を増やすと、自分本位の生き方ができなくなる恐れがある。このリスクに、まだ気づいていない人がけっこういるようだ。

インターネット社会は一長一短である。驚異的な便利さと、青天の霹靂《へきれき》というしかないトラブルが背中合わせになっている。扱いに熟達している人はいいが、そうでなければ第二の人生では、検索サイトとメール以外、あえて初歩レベルにとどめ、あまり奥まで踏み込まないほうが賢明な気がする。

妻との上手なつきあい方がある

定年後、「家に居場所がない」と嘆く夫が増えている。「定年難民」と呼ばれる人たちだ。定年後も現役時代の休日と同じ過ごし方をして、妻に用を言いつけては嫌われて、邪魔にされる。だが、そのことに気づいていないのは悲劇だ。

妻とどうつきあえばいいのか——。

いまさらながら、こんな初歩的なことで悩む。そういう人たちにアドバイスするなら、妻と仲良くするためには、家事を手伝うのがいちばんいい。

こういうと、五〇代以上には「そんなことができるか」と憤慨する人もいると思う。そういう人は、いままで自分がしてきた「仕事」を振り返ってみることだ。

あなたは、得意先の担当者のわがままに愛想よく応えたことはなかったか。上司の無理難題に耐えたことはなかったか。仕事を成功させるため、気に食わないことでも受け入れてきたではないか。

サラリーマンで、そういう経験を持たない人間はいない。サラリーマン時代にやれたことが、急にやれなくなるはずがない。第二の人生を気持ちよく生きていくためには、獅子身中の虫とも上手につきあわなければならないのだ。

「リタイア後の上司は妻。そう思って仕《つか》えます」

こう誓った人がいる。これは正解だ。まあ、口に出さなくてもいいが、少なくとも心の中では、そのくらいの覚悟はしておくべきだろう。いまの妻というのは、夫の想像以上に強い存在になっている。相応の覚悟がないとつきあえない。

夫が家事をやれないのは、不慣れなうえに、夫の役割ではないという意識があるからだが、現役を退いたら、もっと当事者意識を持たなくてはいけない。

サラリーマン時代と同じ調子で、「おーい、お茶」「飯はまだか」という態度でいると、妻から見捨てられる。長年、財布の紐を握られてきた事実を甘く見てはいけない。

全国亭主関白協会（全亭協）という組織がある。「真の亭主関白」を目指す夫たちの集まりだという。真の亭主関白とは「ナンバー2」のことである。いちばん偉いのは天皇。関白は次。歴史上そうなのだから、自分たちも、この正しい立場を目指そうというわけだ。

全亭協の「愛の三原則」とは次のようなものだ。

第一原則「ありがとう」をためらわずにいおう
第二原則「ごめんなさい」を恐れずにいおう
第三原則「愛している」を照れずにいおう

さらに「非勝三原則」というのもある。

第一原則「勝たない」
第二原則「勝てない」
第三原則「勝ちたくない」

その心は「争わないことが、真の勇者であり、勝者なのだ」というところにある。冗談半分のようで、かなり本質を突いている。会員数も万を超えているそうだ。世の夫婦関係は、ここまできている。女が強くなり、それ以上に妻は強くなっている。いまさらジタバタしても後の祭りなのだ。

非勝三原則を胸に、愛の三原則を実行すれば、定年難民になる心配はない。といって、すぐにはできないだろう。その第一歩が、家事手伝いなのである。

投資はどこまでやっていいのか

自民党政権は長く、安定もしているが、景気は決してよくなっていない。株価もそれを反映しているようだ。金融商品を使っての投資も難しい時代でもある。投資に不慣れな人が定年後から始めるのは、いくら客観情勢がよくても、やめたほうがいい。なぜか。相場の世界にはこんな教訓があるからだ。

「いのち金には手をつけるな」

老後資金は「いのち金」である。なけなしのお金で張る賭けは、よほど強運の持ち主でないかぎり失敗する。若ければ失敗も取り戻せるが、定年後はそうはいかない。株投資で信用取引に手を出すなどは、もってのほかだ。

投資が趣味の人は別だが、そうでなければ、定年後、新たに飛びつくのはやめたほうがいい。投資で老後資金を増やすラストチャンスは、五〇代までである。

五〇代のサラリーマンは、教育費や住宅ローンの負担も減って、経済的に余裕が出てくる。この時期に賢く投資ができれば、資産を膨らませることも可能だ。

だが皮肉なもので、定年組にかぎって、退職金というまとまったお金が入るためか、つい気が大きくなって、無謀な投資に走りがちなもの。

中堅企業を無事定年まで勤め上げたある男性（六五歳）は、退職後、暇を持て余していた。ある日、日課になった近所の居酒屋で飲んでいるとき、証券マンを名乗る男と知り合い、投資をすすめられた。

「金利ゼロに近い預金は、モッタイナイですよ」

証券マンはしきりに株をすすめた。

「日本株はいま仕込みの絶好のチャンスです」

すすめられるままに、彼は安定といわれる株式二銘柄を、三〇〇〇株ずつ購入した。

目立った値上がりはなかったが、ちゃんと配当金ももらえ、彼は安堵した。

「預金しても金庫と同じ。やっぱり株だな」

ところが、しばらくすると、一社の株が大きく値を下げた。驚いた彼は即座に売ってしまった。三〇〇万円の損失が出た。

次に、残りの一銘柄が一時値上がりしたが、損失を取り戻すまでには至らなかった。

「せめて元はとらなきゃ」

そのまま持ち続けていると、その銘柄も大きく値を下げ始めた。夜も眠れないほどショックを受けた彼は、急に投資が怖くなり、その株も売り払ってしまった。

結局、彼は一五〇〇万円あった資産のうち、二年半で七〇〇万円も減らした。両銘柄とも大幅下落は増資に伴う一時的なものだったのだが、事情に疎い彼には、目先の損失に耐えることができなかったのである。

賢く行なえば、株で資産を増やすことは可能だ。だが、やるなら投資の勉強をしっかりやって、資金にも余裕がなければ株では勝てない。失敗した彼のように「いのち金」で始めると、値下がりに過剰に反応して、結局は判断を誤ることになる。

「自らを知らざれば株式投資は高くつく」(相場の格言)

異性とはどうつきあっていくか

世の中には男と女しかいない。中高年を過ぎたら、「異性の友」をつくる努力が必要になってくる。下心あっての話ではなく、定年後の人生を見据えてのことだ。

よき異性の友がいるかどうかで、定年後の人生の充実度はずいぶん違ってくる。最近は若い人のあいだでも、異性の友は肯定的に受け止められている。当然だと思う。世の半分は女性なのだから、生きていれば大勢の女性と知り合いになる。その女性の誰とも友だちになれないとしたら、そちらのほうがおかしいのではないか。

恋人ができる過程を考えてみよ。つきあって親密度が増していき、初めてそういう関係になる。知人→友人→恋人がいちばん自然な流れだ。知り合いや友だちから恋人に昇格するのが恋愛関係だ。

しかし、恋愛関係が生じなかった異性とも、友人関係が継続するのがふつうである。だから、私は「男と女は友人になれない」という立場をとらない。「異性の友」ができにくいのは、知り合うとすぐに距離を縮めようとするからだ。この態度は誤解を生みやすい。異性の友人とは「距離感を一定に保つ」ことが大切である。それができないと異性との友人関係は維持できない。

配偶者でも恋人でもないが、気軽につきあえる異性とは、どんな存在か。「異性の友だちの役割」について聞いたアンケート調査によると、次のようなものだ。

第一位　悩みがあるときに話を聞いてくれる
第二位　気軽に飲みに行ける
第三位　困ったときに助けてもらえる
第四位　連絡がしやすい
第五位　誘ったら来てくれる

生きていくうえで、親兄弟でもなく、同性の友でもない存在は貴重である。結婚して子どもがいても、またどんなに同性の友人に恵まれていても、やはり異性の存在を私たちは必要としているのだ。

異性の友だちを持つと、同性の友だちや家族では決して得られない知識や人生のノウハウを教えてもらえる。相手にも同じ効用があるから、よき異性の友を持っていることは、お互いに大きなメリットなのである。

では、どうすれば異性の友だちを持てるか。なかなか持てない人にとってはかなりの難問だろう。コツの一つは「いたずらに距離を縮めようとしない」ことだが、もう一つは顔を合わせたら気軽に挨拶を交わし、二言《ふたこと》、三言《みこと》話すような間柄の異性を増やすことだ。

そうやって顔見知りを増やしておくと、居酒屋でパッタリ顔を合わせるとか、何かの拍子に親しく話す機会が持てるようになる。人間関係は芋づる式なところがあるから、そういうつきあいの中から、異性の友人が得られるものだ。

つけ加えれば、異性の友人づくりには世代にこだわらないことが大切。小学生の女の子から七〇歳、八〇歳の高齢者まで、幅広い世代がターゲットになる。

恋する心は長寿の秘訣でもある

人はあまり口にしないが、「恋」の意味がわかっている人は少ないのではないか。わかっているつもりだろうが、「恋とは何ですか」と聞かれて、どう答えるのだろうか。

「何か胸がドキドキして……」

「一緒にいられるだけで幸せに感じる」

「フワッと宙に浮いているような……」

こんなふうに、心の状態で表現できても、意味を客観的に説明するのは難しい。問われてもよく説明できない質問の代表が「恋」であると思う。誰もがその存在を認めながら、誰にもうまく説明できないのは不思議なことである。

これに、身も蓋もない定義を与えたのが文豪・芥川龍之介だ。彼はこういっている。

「恋愛はただ性欲の詩的表現を受けたものである。少なくとも詩的表現を受けない性欲は恋愛と呼ぶに値しない」

要するに恋愛感情というのは、性欲の表現だというのである。「詩的」というのがミソだが、形容詞だから、取り払ってしまえばそういうことになる。

これは真実だろう。では、かくもあからさまな性欲本能を、私たちがこれだけ飾れるのはなぜか。その答えも、文豪・谷崎潤一郎が出している。

「恋というものは一つの芝居なんだから、筋を考えなければ駄目よ」

谷崎は『黒白』という作品で、ロンドンの娼婦にこういわせている。

そうなのだ。私たちはたくさんのストーリーをつくって口実にしているのだ。

誰もが性欲を持つ。たとえば男性が自分の性欲を、電車の中で見知らぬ女性に向けて発揮すると、痴漢として逮捕され、社会的に手痛い目に遭わされる。

同じことを、台所で大根を刻んでいる妻に行なえば悦ばれる。まったく同じ行為で天と地ほどの開きが出てくるのは、二人のあいだのストーリーの違いなのである。

私が恋せよというのは、恋こそが生きる原動力につながるからだが、一皮むけば、そこにはセックス力があることになる。

セックス力が生命エネルギーであることは間違いないが、それをむき出しにすることは、はばかられる。また、楽しみが少ない。そこで恋というストーリーつきのパフォーマンスに変えて、人間はそれを楽しむのだ。

動物の求愛行動を、ドキュメント番組などでは人間の恋愛になぞらえているが、動物自身はまったくそんな意識はないはず。だが人間は、そうやって動物にまでストーリーをつけなければ語れないのだ。

恋することが生きる喜びだというのは、そういう意味だ。恋するとは、根っこに性欲本能はあるが、人間は生殖期が終わっても長い老化期を持ち、異性を求め続ける。

それは長寿の秘訣であるだけでなく、老化防止に役立ち、人生を充実させるカギでもある。ゆえに、恋する心はいくつになっても失ってはいけない。

恋をすると幸せを感じる。幸せを感じるだけでなく生きる力を与えてくれる。恋愛という人間に与えられた特権を、心おきなく行使すればいいではないか。

「切なる恋の心は尊きこと神のごとし」(樋口一葉/女流作家)

セックス力をバカにするな

週刊誌の中には、セックス記事を売り物にしているものがある。それも若者向けではなく、高齢者に絞った企画だ。これは「年をとると枯れる」という古くからの俗説が、間違っていたことが明らかになった証拠かもしれない。

たとえば、こんな例がある。ある有料老人ホームに、八〇歳のこぎれいな女性が入居してきた。たちまち同じ八〇代の二人の男が言い寄って、男女の関係になった。深夜、二人の男性が交互に忍んでいく姿が、施設内で目に余るようになり、職員が女性を呼んで注意すると、彼女はこう答えた。

「先も短いことだし、お互いに納得して楽しむことのどこが悪いんですか」

開き直ったのである。施設には規則があるが、こういう老人が跋扈《ばっこ》すると、風紀が乱れてくるのは仕方がない。

だが、老人であっても、若者と大差ない恋愛感情を持ち、セックス力もあるのだから、それを抑圧するのもよくないことだ。

ある夫婦の場合、妻が困ってネットで相談を持ちかけた。

「夫のセックスが強くて困っています。もうそろそろ卒業したいのですが、週に二回は求められ、だんだん苦痛に感じてきました。夫の精力を弱めるよい方法を教えてください」

妻の年齢七二歳。夫の年齢は七八歳である。

いまや高齢セックスにどう対応するかは、大きな社会的テーマでもある。

個人に立ち返って考えるとき、「そんなのは例外だろう」と思う人もけっこういるだろう。そうかもしれない。セックスは個人差が大きいからだ。

ただ、「老人は枯れる」という俗説が覆された現在、セックス力が乏しいのは「当たり前」と思ってはいけない。なぜならセックス力は、生きる力そのものだからだ。

男性の場合、女性にまったく興味がなくなったら、それは悪い兆候だ。セックスだけでなく、生きるエネルギーそのものが枯渇しかかっている。何としてでも、その力を取り戻す努力が必要だ。

現役時代にセックス力を急速に衰えさせる人がいる。そういう人は「自分はもう終わった」と感じるかもしれない。だが、ストレスが原因の場合も少なくなく、解放された定年後に蘇る可能性は大きい。そう考えると、中高年者は自分の衰えを安易に受け入れないことだ。

かりに自分がそうなっても、奥さんのほうも同じとはかぎらない。「女は灰になるまで」というくらい、女性のセックス力は持続する。自分が枯れた亭主になっては、そんな奥さんを満足させられないではないか。

高齢者夫婦の仲良しの秘訣の大きな要素として、セックスに目が向けられるようになってきていることを知っておいたほうがいい。

「カラダは死ぬまで求め続けている」「老いてこその悦び」「六〇過ぎてあなたもテクニシャン」「楽ちんな体位あれこれ」「長生きしたければセックスしよう」——。

週刊誌の見出しを抜粋してみたが、現状はこうだということを踏まえたうえで、もう一度自分のセックス力を点検してみていただきたい。

本当の贅沢に慣れておく

中高年サラリーマンは、休みの日などのカジュアル姿がまったくなっていないようだ。現役時代でも、スーツを脱いだら、徹底的にカジュアルのおしゃれを楽しんでみてはいかがだろう。

もちろん、頭のてっぺんから爪先まで、ブランド品で固めたようなファッションを私は好まないが、時計とかネクタイ、シャツ、靴、財布、マフラーなど、一つか二つ、ブランド品を持つのは、おしゃれのうちだと思っている。

誰にでも「贅沢したい」という気持ちがある。この気持ちは大切にしたい。年を重ねるにつれて、年相応の贅沢を身につけていくことは、その人の評価や信頼にもつながる。とかく日本人は、贅沢を「いけないこと」のように扱うが、贅沢も必要なときがあるのだ。

かつて戦時中には、「贅沢は敵」というスローガンが打ち出された。豊かになったいまは、「贅沢は素敵」といえるのかもしれない。

贅沢とは、モノでも人間関係でも、あるいは行動においても、「分を超える」ことを意味する。それがなければ進歩もない。喜びもない。贅沢願望こそが、人を成長させる原動力ともいえるのだ。

ただ、近頃は本当の贅沢の意味がわからずに、他人との比較で「贅沢ごっこ」をしているようなところがある。贅沢の尺度をすぐお金に換算するのは、あまりよい趣味とはいえない。だが現実に、そういう人は少なくない。

「そのバッグ、いくら？」

「三〇万円」

「わあ、高い！　いいなあ、贅沢できて」

ブランド品を前に、値段を競うような物言いは品格に欠ける。

「神田うのと美川憲一は、相変わらず宝石やブランドを自慢している。ティファニーに電話すれば、誰でも買えるのに、何が自慢なのか。稼ぎが自慢なら、札束や通帳だけを見せればすむのではないか」

誰かがこんなことをいっていたが、まったくその通りだ。

日本には西欧のブランドショップが多数出店しているが、売れるから進出してくるのであって、大した見識もなくブランド品に群がる日本人を、彼らは腹の底ではバカにしているのではないか。そんな気がしてならない。

ブランド品の衝動買いで知られる有名女性の「自宅拝見」という映像を、インターネットで見て驚いた。完全なゴミ屋敷だったからだ。

玄関からキッチン、リビング、寝室にいたるまで、買ったブランド品が、紙袋に入ったままや包装されたまま、うずたかく積まれていた。その隙間に、衣料品や日用品がごちゃまぜになって置かれ、目も当てられない散らかりようだった。

だからといって、批判するつもりはない。「片づけられない女」の部屋とはそういうものだろう。最近は、そんな女性が増えている。また、彼女を「真の贅沢を知らない女」とも思わない。

「贅沢とは、居心地がよくなることです。そうでなければ贅沢とはいえません」

これは、フランスのデザイナー、ココ・シャネルの言葉だ。ブランド品でゴミ屋敷を築いても、彼女にとっては居心地のよい空間なのかもしれない。だとすれば、彼女は真の贅沢を知っていることになる。ただ、ココ・シャネルはこうもいっている。

「贅沢は貧しさの反対語と考えている人もいるけど、それは間違い。下品さの逆です」

下品さの逆なら、上品ということだ。贅沢願望は「上品でありたい」ということにほかならない。上品と下品を並べて、「下品でありたい」と思う人はいない。

身の丈に合った贅沢願望は、いくつになっても持ち続けていたい。とくに年を重ねたら、「上品」を身にまといたいものだ。

年をとるほど服装には気を配れ

定年になってからが、本当のおしゃれを楽しめるのではないかと思う。

サラリーマン時代は、濃紺をはじめブラックスーツにちょっと明るめのネクタイを締めていれば、誰でも格好はついた。だが、ネクタイを外したとたん、何を着たらいいのか迷う人が少なくない。本当は、ここからがおしゃれセンスの磨きどころなのだ。スーツを脱いだら、何を着たらいいのかわからないようでは困る。

まず、上下同じではなく、ジャケットとスラックススタイルから始めてみることだ。ネクタイを締めないのだから、襟元はボタンダウンのワイシャツ、裾はパンツの外へ出せるもの。目立たない柄物なら、これだけでおしゃれになる。

とにかく年をとったら、そこそこみっともなくない服装を心がけること。

私は、仕事で出かけるときと、休日にちょっと外出するときでは服装を変えるし、季節への配慮も怠らないつもりだ。あくまで自分流だが、ポール・スミスなどは、けっこう気に入っているデザイナーの一人である。

そんな私の印象だから、あまりアテにはならないだろうが、最近の高齢者の服装は少しおかしくないだろうか。もちろん、一部の人についてだが、どう見てもそぐわない若づくりのファッションに驚くことがある。

服装というのは、自分で気づかなくても自己主張しているものである。「外見よりも中身が大切」という考え方もあるが、外見を「いちばん表に現れた中身」と見れば、たかが服装だが、されど服装ということになる。

サラリーマンは職業柄、奇抜な服装はできない。地味なスーツ姿が、いわば制服のようなものだ。だが、気をつけて見ていると、何気ない地味な服装でも、細かく気を配った着こなしの人と、「着ていればいい」という、まったく無頓着な人の二通りがある。

服装というものは、年齢とともに変化する。その人の人生の歩みそのもの。だから、中高年になっても、二〇代の若者とさして変わらない服装をされると違和感を持ってしまう。

服装は、ときに「自分」を雄弁に語る。尊敬も軽蔑も服装の善し悪しで決まる。センスの善し悪しがストレートに出るからだ。

たとえば、「私は、股引《ももひき》をはいている人間は信用しないことにしている」（稲垣足穂《たるほ》／作家）という言葉は、一種のダンディズム宣言である。

こういう好みを無視してはいけない。パフォーマンス学の創始者である佐藤綾子女史によれば、「話し手のパフォーマンス（自己表現）のうち、情報として聞き手が受け取るのは、言語表現三〇％、表情、しぐさ、服装など非言語表現が七〇％」だという。

服装がいかに大きな意味を持つかおわかりだろう。だが、服装というのはここからが厄介《やっかい》。その影響力はわかるが、では、どんな服装をしたらいいのか。その指針がなかなか見つからないからだ。

著名人や大金持ちでもないかぎり、プロのスタイリストなど雇えない。また、雇ったところで、ただ唯々諾々《いいだくだく》と従うのであれば、着せ替え人形と変わらない。それで、結局、いまの大半の人々の服装というのは、羅針盤《らしんばん》なくして大海原《おおうなばら》を航海しているに等しい。これは恐ろしいことでもある。

自分も少しはセンスを磨こうと、服飾評論家を名乗る人の話に耳を傾けたりもするが、その人が着ている服装が気に入らないので、あまり参考にはならないときがある。そのうえ、評論家の先生方はかなり高度なおしゃれをアドバイスするので、ふつうの人のふつうのおしゃれには不向きでもある。

世界的整形美容医であるマクスウェル・モルツ医師は、「整形した女性の人生がよいほうへと変化するのは、整形の結果ではなく、整形した事実による本人の内面的変化が最大の要因だ」といっている。

だとしたら、自分が気に入った服装をするのがいちばんではないか。誰が見てもへんてこりんな服装の人は、きっと内面もへんてこりんなのだろうと思う。

逆に自分が好きな衣装をまとい、「最高だ」と自信たっぷりでいれば、周囲は説得されてしまうのではないか。問題は、どんな服装のときに自信が持てるかで、その人のセンスがわかることだ。

「服装は生き方である」（イヴ・サンローラン／フランスのデザイナー）

他人に負担をかけるな

老人になれば、他人に厄介をかけることが増える。足腰が弱ってくるし、頭も次第にボケてくる。これは仕方がないことだ。だが、できるだけ、世の人に負担をかけないよう心がけるべきだろう。それが、高齢者の矜持《きょうじ》というものだ。

たとえば、電車の中で「どうぞ」と席を譲られる。シルバーシートではない。

「そんなに年寄りに見えるのかな」とがっかりする。

「いえ、けっこうです」

「いえいえ、どうぞ」

「すぐ降りますから」

ありがちな光景である。こういうとき、席を譲られた高齢者は、譲ってくれた人の心の負担になっている。向こうは、こう思っているに違いない。

「せっかく、譲ってあげたのに」

このような場面になったら、相手の行為を素直に受け取って、「ありがとう」といい、着席するべきだろう。それが社会のルールというものだ。また、なかには、こんな高齢者もいる。同じ電車の中。重そうな荷物を持った中高年婦人が、自分の脇に立っている。目の前の席では一〇代の若者が、足を広げ気味に座っている。

「きみ、このご婦人に席を譲ってあげなさい」

若者に向かってこう言い放った。ムッとする若者。婦人のほうは、どぎまぎして「いえ、私は……」と下を向いて口をモゴモゴ。やったことは正しいのだが、このとき高齢者は、荷物を持った婦人と若者の両方に心の負担をかけている。身障者が相手とか、見るに見かねた状況なら別だが、高齢者のこういうアドバイスは、余計なお世話なのである。

「私は他人さまに迷惑をかけるような生き方はしていない」

よく、こんなことを誇らしげにいう大人がいる。そうかもしれない。

だが、ちょっとおかしくないか。迷惑というのは、かけられたほうが感じること。かけたほうが判断することではない。逆立ちした論理で誇られても困る。

「老婆心」という言葉がある。高齢者が必要以上の世話焼きをすることだ。年をってくると、これを発揮する人が増えてくる。よかれと思ってすることだが、されたほうは迷惑がる場合が少なくない。

孫にお説教をするのも、ほどほどにしておいたほうがいい。「近頃の若者ときたら」などとまくし立てるのを、孫がおとなしく聞いているとすれば、お小遣いが欲しいからだ。目上からのお説教は、まず親がすべきことである。

また、コンビニなどで若い女性店員を相手に、「何をグズグズしているんだ。早くしろ」などと大声で怒鳴るのも、みっともない高齢者像である。とかく退職前にけっこうな肩書のあった人間に多いそうだ。

だが、そんな高齢者も、定年後、五年以上も経ち、七〇歳を過ぎる頃になると、ようやく自分も単なる一人の老いぼれジジイに過ぎないのだということがわかってくる。そうなると、おとなしくなるという。

とにかく、定年退職者は、もう社会のど真ん中にいるわけではないのだから、言動もほどほどにしておくほうがいい。

資格取得の勉強はムダにならない

充実した第二の人生のためには、それなりの準備が必要だ。資格をとるというのもその一つに挙げられる。

ただ心したいのは、資格をとったからといって、すぐにそれで生活していけるというわけではない。「資格は足の裏についたご飯ツブ」ともいわれる。「とっても食べられない」が、そのココロ。だが、何かの資格をとったら、それを周囲に吹聴しておいたほうが、仕事にありつけるきっかけにはなる。

資格をとるなら定年間近になって慌てるのではなく、定年後に自分が何をしたいのか、前もってよく考え、四〇代、五〇代のうちからとっておくのがいいだろう。

「資格なんか、ほとんど役に立たない」

よくこんなことをいう人がいるが、これは資格のせいではない。資格マニアが手当たり次第に多くの資格を取得しながら、あまり役立っていないのは、活用しようとしないからで、ターゲットを絞ってとり、ちゃんと活用すれば、資格は立派に生きてくる。

問題は、どんな資格をとるかである。資格にも流行り廃りがあるから、少し先の未来を見据えて、付加価値の高い資格を選ぶことが大切だ。

では、この先どんな資格が流行るだろうか。サラリーマンの仕事をしながらとれる有望資格としては、まず社会保険労務士、中小企業診断士、ファイナンシャル・プランナー（FP）などが挙げられる。

・社会保険労務士——行政機関への社会保険の申請書、報告書などの作成事務を代行する。国家資格。企業内でも資格は生かせ、士業として独立も可能。
・中小企業診断士——中小企業の経営合理化を図る目的で相談・助言・指導を行なう。国家資格。企業内でも知識はスキルとして生かせるほか、士業として独立も可能。
・ファイナンシャル・プランナー——クライアントの収支、負債、資産状況等から最適な経営や資金計画などをアドバイスする。国家資格。独立可能。

これらの資格取得は、決してやさしくはないが、サラリーマンをしながら独学や塾通いで何年かかければ合格は可能なもの。社会保険労務士などは、会社の仕事のスキルアップにもつながるので、それを目当てにとる人もいる。

また、これらの資格は勉強すれば、金融・経済や家計に明るくなるので、努力は将来に向かって決してムダにならない。

さらにリストラ対策や定年後に備えて、最近、四〇代から六〇代と幅広い中高年層に人気があるのが、社会福祉士、介護福祉士など福祉関係の資格だ。会社での出世は望めない、あるいはそろそろ定年が視野に入る年代になったら、来る《きた》第二の人生のために、資格にチャレンジしてみるのも悪くはないだろう。

ただ、資格をとったからといって、すぐに仕事できるわけではない。その資格を生かせる人間関係がないと、資格は持っているものの……と仕事がない生活になってしまう可能性も少なくない。

資格は、平均してホワイトカラー族の資格より、ブルーカラー族のほうが、現実には仕事になるようだ。たとえば、ボイラー検定士といったぐあい。

サラリーマンが新卒から六〇歳まで勤めると、会社に縛られる時間は、通勤時間や残業も含めてざっと一〇万時間。六〇歳から八〇歳までの二〇年間の自分の時間を計算すると、ほぼ会社にいる時間に匹敵するという。

つまり、第二の人生というのは、サラリーマンが社会に出てから会社で過ごしたのと同じだけの時間をまたもらえるのだ。定年になったあとでも「雇われるに値する能力を備えた人間であるかどうか」を考え、能力を高めておくことが大切だ。

日本ほど雇用の安定していないアメリカのサラリーマンは、何歳になっても「雇われる能力」の向上に努める。少子高齢化の進む今後の日本では、若年者から高齢者まで、幅広い年齢層の雇用が求められる。人より頭一つ抜け出すためにも、資格はものをいう。

「大切なのは、間に合うように始めることだ」（ジャン・ド・ラ・フォンテーヌ／フランスの詩人）

高齢者向け結婚相談所の中身

定年になる前に、あるいは定年後、あまり日を置かずして、相方に先立たれるケースもあるだろう。仕事もなくなり、女房もいないのでは、寂しさがいっそう身に染みる。

そこで、中高年を対象とした婚活だが、すぐに思い浮かぶのが結婚相談所だろう。ふつうは会員登録をして、自分の好みの相手を紹介してもらうのが、いまの婚活の定番になっている。多くの相談所は幅広い世代を対象にしているが、最近、中高年に特化した相談所が登場し、注目を集めている。

一例を挙げると、ある相談所は、男性五〇歳以上、女性四五歳以上でなければ入会できない。入会資格も厳しい。独身証明（戸籍による）、定収入がわかる源泉徴収票、もしくは年金証書の提出が求められる。

これならば、身元がしっかりした人を紹介してもらえるので、安心して婚活ができるというわけだ。だが、特徴はそれだけではない。

この相談所は、最終目標を結婚に置かない、いわゆる「大人のおつきあい」を容認している点が最大のウリだ。この手の結婚相談所が、いま人気の的だという。

これは画期的なことかもしれない。結婚相談所は、結婚相手を見つけるために行くところだが、中高年世代ともなれば、結婚にこだわらない人も少なくない。妻に先立たれて、何かと生活が不便である。残りの人生をともにする伴侶が欲しい。だが、再婚となると、相続問題などが生じてややこしくなる。

そうした問題を避けたうえで、新しい伴侶を得るためには「結婚を目標にしなくてもいい」という扱いはありがたいことではないだろうか。いわば「茶飲み友だち」を見つけられるということである。

二〇一五年の国勢調査によると、配偶者の死別や離婚も含む男性の独身率は、五〇歳から五四歳の男性で二七・七％（うち未婚は二〇・三％）に上る。この世代にマッチングする女性（四五〜四九歳）の独身率は二六・二％（同一五・三％）だが、従来の結婚相談所に伴侶を求めると、「結婚」の重圧から逃れられない。

このことがネックになって二の足を踏んでいた人たちにとっては、こうした新しい発想の相談所の登場は朗報だろう。この先、高齢化が進めば、男女双方に伴侶を失う人たちが急増するからだ。

さらにいえば、この手の相談所の出現は、五〇代ばかりでなく、さらに上の高齢者にも門戸が開かれたわけで、その意義も大きいと思う。とくに、男性に比べ圧倒的に長生きする女性にとってはよいことだろう。

先の国勢調査によれば、六五〜六九歳の女性の独身率は二七・二%、七〇〜七四歳は三四・六%、七五以上歳にいたっては六五・七%に跳ね上がる。いま、この年代の女性は驚くほど元気なのである。彼女たちが「茶飲み友だち」の男性を得て、イキイキ老後を過ごすことは、社会にとっても大いにプラスになるだろう。

老後問題というと、介護や老人医療、一人暮らしの不便さにばかり目がいきがちで、健康な高齢者、とくに健康な高齢女性が、人生をどれだけ楽しく生きられるかという配慮が欠落している。これを補う意味でも、高齢者向け結婚相談所の登場は喜ばしいことだ。

第4章

死ぬまで自分を見失わない

誘われてばかりいてはダメだ

世の中には、決して自分から仕かけようとしない人がいる。

サラリーマン時代は、与えられた仕事を過不足なくこなしていれば、それなりに地位は保っていけたかもしれない。だが、リタイアしてからも同じような態度では、周囲に誰もいなくなってしまう。友だちもいなければ、もちろん気軽に誘ってくれる人間もいなくなる。寂しい老後を送る人は、そんなタイプだ。

他人との関わりにおいて、受け身ばかりではなく、どんな形でもいいから、たまには自分から行動を始めるべきだろう。

将棋でも囲碁でも、先手と後手がある。どちらが有利か。「先手必勝」という言葉通り、先手のほうが有利といわれている。

厚生労働省に「21世紀成年者縦断調査」なるものがある。二〇〇二年から毎年行なっているものだが、ほかの調査と違うところは、最初に調査対象となった男女を、継続的に観察し続けていることだ。

最近、二〇一五年の結果が公表された。それによると、人生の「明暗」を分けるのは「先手必勝」であることが明らかになった。

どういうことか。それを説明する前に対象者の年齢を紹介しておくと、初回調査では二〇歳から三四歳である。調査は毎年行なわれるが、今回は二〇一五年の結果が公表された。つまり「あれから一三年後にどうなったか」である。

わかったことをかいつまんでいえば、「結婚は待機年齢が長くなるほど縁遠くなる」。適齢期を迎えたら、さっさと結婚しなさい、ということだ。

同時に結婚できる条件から見ると、「正規と非正規では、正規社員が有利」だったこと。男子ばかりではなく女子にも同じ傾向が見られる。

こんなデータは、改めて実証しなくても見当のつく話だが、やはり統計的に数字で示されると、説得力が違う。何事も先手必勝を心がけておいたほうがいいということだ。

第二の人生でも同じだと思う。高齢者が何か新しい事柄に出合ったとき、すぐ頭に浮かぶことは「いまさら感」だろう。

「ゴルフ始めない？」

「いまさら」

「結婚しないの？」

「いまさら」

「英語の勉強しようか」

「いまさら」

これでは何事も始まらない。覚えておくといいのは、どんなチャンスでも、巡ってきたそのときが自分の旬であることだ。いまさら感は思い込みに過ぎない。

人の運命は固有のもので、一八歳で結婚のチャンスが巡ってくる人もいれば、五五歳で巡ってくる人もいる。早熟の天才も大器晩成も、巡りくるチャンスを逃さなかった人たちなのだ。

ただ、よくいわれるように、「チャンスの女神には前髪しかない」から、自分から出ていって捕まえる必要がある。受け身だと逃がしてしまう。もう年だからと、受け身一方でいるのが、いかに損なことかおわかりだろう。

「われわれは生涯のさまざまの年齢に、まったくの新参者としてたどりつく。だから多くの場合、いくら年をとっても、その経験においては経験不足なのである」
(フランソワ・ド・ラ・ロシュフコー／フランスの貴族・文学者)

この言葉は覚えておく価値がある。

プラス思考のクセをつけなさい

私自身、一〇年ほど前に膵臓ガンの手術を受けた。超音波診断で、何かおかしいとなったとき、「やっぱり切ったほうがいいのでは……」という医師の判断で、思い切って手術を受けることにしたのだ。本人は痛くもかゆくもないのに、切腹はかなわないと思ったが、ここは専門家の判断に任せるべきだと覚悟した。

結果、やはり小さなガンがあったそうだが、それでもいまは、その医師の判断に任せてよかったと思っている。珍しい早期発見のガンだったそうだ。

私は生来、プラス思考である。物事の解釈には二通りあるものだが、よいほうへ解釈するのがプラス思考の考え方だ。

あなたは、どちらに解釈するタイプか。もし悪いほうへ解釈するクセがあったら、いまからでも直しておく必要がある。「どうせダメだろう」「うまくいかないに決まっている」など、マイナス思考は損をする。楽しい人生のためには、その逆のプラス思考にかぎる。そのほうが確実に都合がよいからである。

なぜか。人間の脳がそのようにできている。物事を悲観的に考えるよりも、楽観的に考える人のほうが、間違いなく望む人生を手に入れやすく、幸福感も大きいのだ。

このことは「楽観主義バイアス」という考え方を提唱する神経生理学者ターリ・シャーロット女史が、概略こう述べている。

「人は好ましいことが起きる確率を過大評価し、好ましくないことが起きる確率を過小評価します。八割の人がそうです。これは基本的によいことです。なぜなら、そのほうが人々を成功に導き、幸福度も増すからです」

だが、この考え方には落とし穴もある。現実はそれほど甘くはないからだ。その場合はどうすればいいのか。簡単なことだ。現実を踏まえて、思い通りにいかない場合の備えを用意しておけばいい。

「そうすればペンギンだって、タカのように空を舞うことができます」

いささか論理の飛躍があるように思えなくもないが、彼女がいわんとするのはこういうことだ。

ある高齢者夫婦、妻のために夫がクルマで買い物に出かけたが帰りが遅い。妻は「事故に遭ったのではないか」と心配になる。

一時間後、夫は帰宅する。妻はホッとする。この場合「事故に……」と考えるのではなく、「何かの理由で寄り道でも……」と考えることもできる。前者の考え方はマイナス思考であり、後者の考え方がプラス思考である。

高齢社会は、私たちに二つの人生を与えてくれた。だが、人生第一幕と第二幕のあいだには大きな違いがある。

第一幕はリハーサルなしのぶっつけ本番で始まる。気がついたときは「もう始まって」いて、一定の枠にはめられている。

本人の努力にかかわらず、運に左右される部分が相当にある。たとえば、親を選べないとか、教育のされ方がまずいなど、年を重ねてから「こうすればよかったのか」と気づいても後の祭りである。

そこで多くの人たちは、イギリスの詩人のように「もし人生に第二版があるなら、私は校正したい」（ジョン・クレア）と思うようになる。以前は、人生の第二版などかなわぬ夢のまた夢だったが、いまはそれができるのである。

「ああすればよかった」「こうすればよかった」と思うことを、実際にやり直してみればいいのだ。定年後でもやれることがあるではないか。思えば私たちは、過去の人類が憧れながら果たせなかった「不老長寿」の時代を生きている。可能性はいくらでもある。

ただし、人生第二幕を生きがいに満ちた充実人生にするためには、プラス思考が欠かせないということ。

「人の言葉は善意にとれ。そのほうが五倍も正しい」（ウィリアム・シェークスピア／イギリスの劇作家）

食わず嫌いでは人生、損をする

「チャンスがあれば何でもやってみる」――。これが、仕事がなくなった定年後の生き方だと信じている。

人間には「食わず嫌い」ということがある。これは、絶対に損な性格だ。第二の人生を充実させるためには、修正しておく必要がある。

食わず嫌いくらい「幸せな偶然」から人を遠ざけるものはない。文字通り、食べ物の話だけではない。たとえば「ボランティア」と聞いただけで引いてしまう人がいる。仕事のデキる人ほどそうだ。「東北へ、ガレキの片づけのボランティアに行くんだけど、一緒にどうか？」と誘われたら、絶対に行くべきだ。

いまの仕事に注力し、生きがいを感じていれば、ほかのことにクビを突っ込む気になれないのはわかる。だが、「機会が訪れた」ということは、きっと何か意味があるはずだ。そんなふうに解釈して、あえてクビを突っ込んでみる。思いもかけない「幸せな偶然」に出合えるのは、決まってそういうときなのだ。

また、確率の高い低いがあったとき、わざわざ「低いほう」を選ぶ人はまずいない。理性がそれを許してくれない。だが、合理的判断をすすめる理性ほど、幸せな偶然との出合いを邪魔するものもない。

このことは、過去の偉大な発明や発見には、ほとんどといっていいほど幸せな偶然が絡んでいることからもわかる。アルフレッド・ノーベルのダイナマイトの発明、ヴィルヘルム・レントゲンのX線の発見、マリー・キュリーのラジウム発見、アレクサンダー・フレミングのペニシリンの発見——これらは、いずれも理性や確率とかけ離れた幸せな偶然がきっかけになっている。

まったく期待しないことでも、やってみると「面白い」「やってみてよかった」と思うことがよくある。そう思わなくても、「経験」は何かで必ず生きてくる。

この精神は、これからの新しい人生を充実して生きていくうえで、絶対に必要な人生態度といえる。それをかなえるためには、食わず嫌いを改めること。

「そんなものは……」「金輪際あり得ない」ということを、「待てよ」と一度、思い直してみる。そういう態度が必要なのだ。

なぜ、食わず嫌いになるのか。理由は二つある。一つは先入観を持つことだ。まだ経験していないのに、「こうなんだ」と思い込み、その考えを変えようとしない。もう一つは懲《こ》りた場合である。一回経験してひどい目に遭う。それで懲りてしまうのだ。「羹《あつもの》に懲りて膾《なます》を吹く」という状態がこれである。

どちらも自分は正しい判断だと思っているが、世の中で成功する人は、逆の人たちである。この態度が損なのは、真実を理解できない点にある。

人間は好きなことには興味を持って知ろうとするから、ますます好きになる。嫌いなことは興味がわかないから冷淡に接する。だから、いつまでたってもよさが理解できない。人間は嫌っている事柄、反対している事柄について、意外に無知なことが多い。食わず嫌いとはそういう人たちのことだ。

食べ物の一つや二つは嫌いでもかまわないが、仕事や生活、趣味、娯楽の領域でそういう態度では、人生の大きな楽しみを逃しやすい。もし、そういうものがあるのなら、第二の人生を始めるにあたって、ぜひクリアしてほしいものだ。

「食わず嫌いはあれこれ理由をつけて、『こんなことは自分に向かない』と決めつ

けたがるが、議論しているより、実際にやってみるほうが話は早い」（堀場雅夫／堀場製作所創業者）

多種多様なボランティアがある

私自身、長いあいだ、ボランティアという言葉が苦手だった。否定する気持ちはみじんもないが、何かわざとらしさというか、「私は人のためにこんなに尽くしています」という言葉が聞こえてきそうで、敬遠気味だった。そんなわざとらしさがイヤだったのかもしれない。

人間は、自分が嫌いなものに対しては冷たい。当たり前のことだが、この態度には一つ大きな欠陥がある。本当はよく知らないのだ。何かと「反対」する人間は、自分たちが反対していることの中身に、存外、無知なのである。

私は、ボランティアというものに偽善性を感じて、「自分は関わりたくない」と長年思ってきた。だが、ボランティア活動には、じつにたくさんの種類があることを知るに及んで、宗旨替《しゅうしが》えせざるを得なくなった。

読者の中にも私と同じ考えの人もいると思うので、以下に、ボランティア活動の具体的な中身を簡単に紹介しておこう。

・自然環境を守る活動――道路・公園清掃、海浜美化、植樹・植林、野鳥保護観察など

・国際交流・国際協力――難民救援、砂漠の緑化、技術援助、食糧援助、留学生交換

・多文化共生の活動――多言語での生活・医療相談、外国人の子どもサポート、啓蒙普及

・社会福祉活動――高齢者・子どもの交流、生きがいづくり、給食サービス

・障害者支援活動――身障者学校誘導、レクリエーション、友愛訪問、介護サービス

・健康・医療サービス――巡回医療・診療、健康診断、献血活動

・安全生活のための活動――通学路の安全確保、交通安全運動、危険場所の点検・巡回

・防災・被災者支援――救援物資の確保・輸送、炊き出し支援、瓦礫・土砂撤去、町づくりのための活動――美化、自転車置き場整理、都市・農村交流、村おこし
・スポーツ文化芸術活動――スポーツ教室指導、大会運営・警備、芸術家の育成支援
・乳幼児児童育成活動――赤ちゃん支援、児童保育、いじめ相談

いかがであろうか。

活動内容はまだいくらでもあるが、こんなにも広範囲に活動が行なわれているのだ。よく見ると、誰もがその恩恵を受けており、誰もが自分の能力で参加することが可能である。

問題は、人間のやることゆえ、活動しているうちに、いろいろ目的とは異なる問題が生じてくることだろう。お金のこともあれば人間関係もある。だが、元気な高齢者の活動の場としてふさわしい。リタイア組はもっとボランティアに参加してもよいのではないだろうか。

「今日は何をするか」と頭を悩ませているなら、自分のやれそうなボランティア活

動を見つけてやってみる。人との出会い、社会貢献する喜びなど、思いがけない形で、生きがいに通じる何かが発見できるかもしれない。

二〇代後半の、けっこう遊び人風情のＯＬがいた。彼女は友人に誘われて、なかばおつきあいで、東日本大震災の約一年後にガレキ処理のボランティアに出かけた。三日間、泥まみれになって、現地で手伝って帰ってきたら、まるで人間が変わったようになった。あの大震災を現地で見て手伝ってきた人ならではのことで、すさまじい現地の迫力に圧倒されたのだろう。

ボランティアは現地を自分の目で見て、そして手助けするという意味でも、人間形成に関わってくるのではないかと思う。

ボランティアとは志願兵のことである。自ら進んで社会のために自分を投げ出す勇気ある人々のことを指す。昔は十字軍の兵士のことを表した。転じて、社会的な活動に積極的に参加する奉仕者を意味するようになった。

「人生からより多くのものを引き出すという点で、ボランティアに費やす時間はもっとも貴重なものである」（ヘーゼルデン財団）

「定年」は自分で決めよう

私は四〇歳を過ぎて会社を辞め、独立起業した。男の厄年《やくどし》である四二歳のときだが、私はそんな縁起を担《かつ》がないほうだ。起業したその会社を現在まで続けられているのは、運がよかったからだと思っている。

なぜ勤めていた会社を辞めたのか。もともと、定年までいるつもりはなかった。四〇代は一つの区切りだった。いま考えれば、自分で自分の定年を決めていたことになる。

近年、何事も自分で決められない人間が増えている。それでいて人が決めると、「ああだこうだ」と言い始める。今回の定年制の延長だってそうだ。六〇歳定年が五年延びて六五歳になった。

定年が延長されると、賃金ダウンや早期退職強要もあり得るのでよくないという声がある。だが、もし賃金も下げず早期退職も強要しなくて、会社がつぶれたらどうするのか。

昔、定年は五五歳だった。寿命が延びて六〇歳になり、年金受給年齢が六五歳に引き上げられ、今度は定年もそこまで延ばされた。無年金期間をなくすためである。

制度というのは、どこかで線を引かなければならない。定年もはじめから合理的な根拠があったわけではないだろう。表向きはともかく、実際はそういうものだ。五五歳が六〇歳になったのも、今回、六五歳になったのも似たようなもので、突っ込みどころはいくらでもある。

サラリーマンは「定年まで勤めなければならない」という決まりがあるわけではない。辞めたければ、いつ辞めたってかまわないのだ。

私は、定年を「自分で決める」のはいい方法だと思っている。

一八歳、または二二歳で就職する。「二〇年働いたら定年とする」と決める。すると三八歳か四二歳になれば定年。この先は第二の人生と考え、サラリーマンとはまったく違った生き方をしてみる。いきなり余生だっていい。

昔は、サラリーマンにはうまみがあった。雇用と年功序列である。リストラの心配もなく、よほどのことがないかぎり、定年年齢まで働けた。能力主義もなく、年限が経てば昇進し、給料も上がっていった。

こんなうまみがあったから、みんな定年まで居座ったわけだが、いまはそんな恵まれた境遇にはない。給料は上がらない、リストラの不安がつきまとう。さらに大企業でもパンクしたりする。サラリーマン受難の時代なのだ。とうてい割のいい稼業ではなくなったのに、いまだに正社員に憧れている若者がいる。

思うに、これは世の風潮のせいである。世の風潮をつくっているのはマスコミだ。背景にあるのは就職業界。つまり、彼らが悪い。

大学で二年半くらい勉強すると、もう就職が気になり始める。大学三年になると、勉強もそこそこに就活に入り、エントリーシートを書きまくる。そういう経験をして、どこかの会社に潜りこみ、そこで定年まで過ごす。

定年を自分で決めるつもりになれば、自分で人生計画を考えるようになる。真に充実した二幕物《ふたまくもの》の人生を送るためには、他人が決めた「定年」などに従う必要はないではないか。不本意な仕事に就いているなら、なおさらだろう。

お金が通用しない世界で生きてみる

お金が万事という世の中ゆえ、収入のなくなった老後は何よりお金が大切だ。年金だけの生活では、ちょっと無理というのが現実だろう。それなりに預貯金があれば、何とか食いつないでいけるが、ここでの難題は寿命がいつ終わるかだ。

各人がそれぞれ予測の範囲で生きていくのがいちばんいいし、それしかないだろう。いちばんの理想は、家賃収入なり何なりでコンスタントに収入があることだが、これも以前からやっていなければすぐにできるものではない。そこで、ここでは少し趣を変え、世間の風潮に惑わされずに、お金に無縁の世界をのぞいてみよう。

ブログで「お金の必要のない世界」を構想している人がいて、「それをどう思うか」という議論がなされていた。この主張は、どうやら「貨幣をなくせ」ということらしく、これに対する反応として次のような意見が出されていた。

・お金がなければ、世の中公平で平和になるなんて浅はかすぎる。偽善者だ。
・お金がなくなったからといって、人の欲が消えるわけじゃない。
・小さな子ども時代がそうだった。だが、親のいうことを聞かなければならない。
・個人資産が不要という考え方は、社会主義の極論になる。

まあ、こんなところだが、全体として否定的だった。お金は社会のはじめからあったわけではなく、途中から出現したのだから、なくしたところで物々交換の時代に戻るだけで、また必要とされれば造られる。あまり意味のない意見だろう。

そんなことを考えなくても、世の中にはお金の通用しない世界がいくらでもある。だから、大人になったら、そういう世界にも親しんでおく必要がある。

とくに高齢者は、だんだんお金から遠ざかる。最後は、もうお金が通用しない。そんなシミュレーションは、素敵に枯れるいい機会である。

お金の通用しない世界とは何か？　たとえば臨終の席で死んでいく者が「お金を払うから死にたくない」といっても意味がない。つまり、病気という世界は、まだお金が通用するが、死にゆく世界にはまったく通用しない。死んでもお金はあの世に持っていけない。また、社会と途絶した島に漂着した人間集団が、手分けして労働奉仕をし、食事にありついている。労働を怠けた人間が一人、「お金を払うから食事を分けてくれ」といったら、たぶん仲間外れにされて、食事にありつけなくなるだろう。お金が通用しない世界では意味がないのだ。

絵の才能のない人間が、才能をお金で買おうとしていくら歩き回っても、誰も与えてはくれない。音楽の才能もしかり。つまり、才能の世界もお金が通用しないのだ。お金では買えないのだ。文学論で言い負かされた人間が、お金で弁舌の才能を買いたいと申し出ても、商品を持ち合わせている人間はいない。

考えてみれば、お金の威力が通用しない世界はいくらでもある。そういう世界に生きれば、お金はいらない。つまり、この世はお金が通用する世界と、まったく通用しない世界がある。同時に、どちらか一方だけだと、ひどく生きにくくなる。

第二の人生を豊かにするには、どちらかといえばお金の威力が通用しない世界に身を置いたほうがいい。報酬を求めないボランティア活動などがそうだ。お金がモノをいわない世界では、心の充実感がある。年齢とともに、お金がモノをいわない世界に身を置く時間を少しずつでいいから増やしていくのはどうか。

お金を使い切る発想を持つ

「子どもたちのために、蓄えまでしてお金を残すべきではない」

最近は、こんな考え方をする人が増えている。アクサ生命保険が定年退職者を対象に行なった、次の調査結果がそのことを証明している。

・子どもに財産を残したい　二九％
・自分ですべて使い切る　四五％

その昔、老子は「子孫に美田を残さず。賢にして財多ければ、その志を損ない、愚にして財多ければ、その過ちを増す」といった。

使うだけ使って、残るのは仕方がないが、使いたいのを我慢して、あるいは足りないのに耐えてまで子どもに残す必要はない――。こういう考え方ができるようになったのは、一つの進歩といってよいだろう。

だが、実際に使ってみると、別の問題が生じてきた。使い切ろうとしても、いつまで生きるかわからないので、使い切れないのだ。

こんな夫婦がいる。年金が月額二五万円。退職金が二〇〇〇万円。家のローンは完済。夫婦で「定年後にやりたい」と思っていた旅行や趣味に精を出したが、年金だけでは足りず、貯金を取り崩していった。

そんな生活を一年あまり続けたら、さすがに不安になってきた。貯金が大幅に減ってしまったからだ。慌てて生活を切り詰め、旅行にも出なくなったが、今度は夫婦揃ってうつ状態に陥ってしまったというのである。

まあ、そういうものだろう。年金だけの老後なら、足りなくても死ぬまで支給されるからいいが、預金があって、それを取り崩していくと、平気でいられる人は少ない。

「預金がなくなったら、どうしよう」

心配症でなくても、不安は感じるものだ。要するに「使い切るぞ」と決心しても、死ぬ時期がわからないので、並の神経の持ち主は簡単には使えない。

では、どうするか。この問題をすっきりと解決することはできないが、とにかく、少し計画的に使うようにすればいい。

老後の先行き不安の一つは「病気」である。万が一、大病したようなとき、思わぬ出費がかさむ。だが、日本には世界に冠たる国民皆保険制度がある。万一に備えて保険に入っておけば、病気に関しては、そう心配することはない。

かりに二〇〇〇万円の預金があるなら、五〇〇〇万円くらいを病気の備えと葬式代に残すつもりになれば、あと一五〇〇万円は取り崩していける。現在、平均年金支給額から計算すると、高齢者家庭の月々の赤字補塡《ほてん》は五万円といわれている。年間六〇万円、預金を取り崩していくと、二〇年間で一二〇〇万円。三〇〇万円の余裕が出る。夫婦二人、平均月三〇万円くらいの生活費が、標準になるのではないか。

きちんと具体的な数字で計算していくと、どこまで使えるかがだいたい見えてくる。人が不安になるのは将来が見えないときである。経済生活は数字だから、きちんと計算すれば、不安になり過ぎることはない。

「何もすることがない」でいいではないか

定年後、「何もすることがない」と嘆く人がいる。

五九歳の男性。定年を目前に控えている。三八年間働いてきて、子どもたちはすでに独立して家を出たので、妻との二人暮らし。いまの悩みは「来年、定年を迎えたら、その先の人生をどうやって生きていったらいいか」ということ。会社に行かない自分を考えると、いくら思いを巡らせても「何をしていいかわからない」というのだ。

いままでは休日がいくらあっても、「休みが終われば、会社に行かなければ」という気持ちが自分の支えだった。だが、これからは文字通り「毎日が日曜日」になると思うと気が重い。会社の先輩たちは家庭菜園を始めたり、魚釣りをしたり、たびたび旅行へ出かけたりして楽しんでいる様子だが、自分には生憎《あいにく》、そんな趣味が一つもない。

定年後の過ごし方の本を二、三冊買ってきて読んでみたが、参考にはならなかった。といって、もう働く気もない。生活のほうはマイホームもあり、預貯金、退職金、年金でそこそこやっていけると思うが、このままでは無為徒食の日々を送りながら、年老いていくしかない。こんな人生でよかったのか——。

平均寿命で見れば、この世代はあと二〇年から三〇年は生きなくてはならない。人によっては「贅沢な悩み」と受け取られそうだが、団塊世代には同じような悩みを抱える人たちが大勢いるに違いない。

この悩み、どう解決すればいいのか。はっきりいって「これ」といったよい処方箋などない。その人の考え方一つだからである。この人と同じ境遇でも、やることがたくさんあってワクワクしている人もいる。その差は何かといえば、これまでの生き方と考え方にある。

もし私がこの人の立場で、定年を迎えたらどうするか。私なら事前に自分のやりたいことをいくつか見つけておき、どれかを選んでやり始めるだろう。

貝原益軒《かいばらえきけん》という人は、福岡藩の勤めを引退してから『養生訓《ようじょうくん》』を書いた。彼が歴史に名をとどめられたのは、いまでいえば、定年後にやったことが評価された結果である。

定年後をどう生きるべきかは、自分で悩み苦しんで、答えを見つけていくしかない。生きてきた過去は変えられないが、考え方は変えられる。

たとえば、こんなふうに考えてみてはどうか。「何もすることがない」という境遇を「悪くないな」と肯定してみるのだ。

仕事が忙しいときは、暇を持て余している人が羨ましかったはず。そういう羨ましい境遇を手に入れたのだから、「することがない」なら何もしなければいい。

猫のように、寝て起きて食べて、また寝て起きて食べて――を際限なく繰り返せばいいのではないか。もう定年を過ぎたのだから、そんな生き方をしても、誰からも後ろ指をさされることもない。

思う存分「何もすることがないなあ」といいながら、毎日お酒を飲んだり、テレビを見たり、散歩をしたり、無為に過ごせばいい。それが「悠々自適」というものだ。「何もすることがない」を、ことさら悪く受け取ってはいけない。

自分の幕引きを考えておく

こういう人がいる。六一歳の男性。ずっと独身できて家族はいない。親族はいるが、つきあいは皆無。現在ワンルームマンション（所有）で一人暮らし。少し早い気がするが、万一のことを考え、人生幕引きの準備を始めたいと思っている。

「孤独死がどうのとマスコミは騒いでいますが、家族に看取られて死のうと、人知れず死のうと、死はもともと孤独なものだと思っています。その覚悟はできていま す。ただ、周囲の人たちに迷惑をかけるような死に方はしたくない」

そういって、彼が「知りたい」と挙げたのは、次のような項目である。

①死後、東京湾に散骨してほしい。してくれる組織があるか。

②マンションの家財道具を処分してくれる人はいるのか。

③預金とマンションを売却して死後の費用に。具体的にどうすればいいのか。
④孤独死の場合、死亡届は誰が出すのか。解剖はされたくない。
⑤ボケ、脳死状態になったら延命処置は望まないが、どうすればいいか。
⑥マンション管理費、公共料金の最終支払いと停止の手続きについて。

何とも律儀な人だが、これらへの回答がすぐに寄せられた。参考までに紹介しておけば、①は適法行為ではないため、してくれる業者はいない。②は公正証書にして代行者を指定しておく。③は成年後見人制度の活用。④は警察か自治体。不審死なら解剖される。⑤は遺言書を書いておく。⑥は成年後見人制度の活用——ということだ。

人生の最期を迎えるための準備、いわゆる「終活」は高齢の単身者ばかりでなく、夫婦で暮らす高齢者から若い世代にまで広まっている。そうした内容を書き込める便利なエンディングノートが三〇代、四〇代の関心を集め、遺影の取り方を指南したり、自分史を書き込める本形式のものまで登場している。

また、終活セミナーに参加する人も増加中だとか。東日本大震災の影響が大きいと思うが、こうした傾向は悪いことではない。別に病気でなくても、私たちはいつ死んでもおかしくない存在である。死はいつだって身近なのだ。

最近は、相続に関する遺言書やお墓のことがよく話題になるが、遺言書がどうの、お墓がどうのと自分本位の意向表明や注文は山ほどあっても「他人に迷惑をかけない」を中心に考える人は、さすがに少ない。自分が死ぬ、あるいはボケなどで脳をやられたとき、周囲の人間に「こうしてほしい」という準備まで整えている人も少ないのだ。

作家の曽野綾子さんは、六四歳で日本財団の仕事を引き受けたとき、家族に宛てて「私にどんな軽いものでも脳血管障害が起きたら、私の意思の有無にかかわらず辞表を提出してほしい」と頼んでおいたという。

誰もが、いずれ死ぬことは知りながら、「明日死ぬ」とは思わないで生きている。だが、ボケる可能性もある。死ぬよりもボケのほうが、周囲の人間は大変だ。

これからは、老いも若きも自分の幕引きを考えておく必要がある。意識すればそれなりの対応もできるし、第二の人生をよりよく生きる縁《よすが》にもなる。

パラサイトの子どもをどうするのか

子どもを持てばわかることだが、子は親にとっては大変な負担だ。同時に、何物にも代えがたい大きな喜びを与えてくれる。だから親になれば、懸命に子どものために尽くす。これがふつうの親の感覚である。だが、第二の人生まで子どもに煩《わずら》わされてはたまったものではない。子育ては、原則「成人式まで」だろう。親といえども一個の人間であり、子どものためだけに生まれてきたわけではない。

内閣府政策統括官が、民間の会社や有識者の協力を経て行なった団塊世代を対象に実施した調査では、独身の子どもと同居している親は二七％以上に上る。彼らは食費、光熱費などの生活費は全部両親に頼って、働いているにもかかわらず、家賃も払ったことがない。パラサイト・シングルと呼ばれる子どもたちである。

また、一緒に住んではいないが、子どもにいまだに生活費を仕送りしている親もいる。自立した子に補助的に送るのではなく、家賃から生活費、携帯電話代まで丸抱え。こうなると一緒に住むより始末が悪い。三〇代から四〇代のパラサイト・シングルは、団塊ジュニア世代である。二〇一〇年に三七歳になった団塊ジュニアで見ると、未婚率二八・六%、失業率五・九%だという。

こういう家庭がある。当主は六五歳で定年を迎えた。団塊世代のトップバッターである。問題は子どもたち。とうに三〇歳を過ぎた二人の息子が揃って独身で、家から出ていこうとしないのだ。大学も出してやったし、就職もしている。親は「結婚すれば……」と思っているが、一向に結婚する気配がない。母親はだんだん鬱陶《うっとう》しくなってきて、知り合いにこぼした。

「亭主が定年になって、うちには大の男が三人もいるのよ。子育てが終われば少しは楽になると思っていたのに、これじゃあ私の人生っていったい何なのかしら」

知り合いは、こうアドバイスした。

「せめて、息子さんたちから部屋代と食費はもらう。収入があるのだから当然でしょう。それがイヤなら出ていってもらうこと」

だが、この母親にはその気がない。グチをこぼしてはいるが、内心では「結婚するまでは家にいてほしい」と親のほうが思っているのだ。

いまは、この手の親が多い。不景気とはいえ、団塊世代がそこそこの企業で勤め上げれば、贅沢はできないにしろ、年金生活に入っても、パラサイトな子どもに飯を食わせるくらいはできる。だが、そんな甘やかしは子どもをダメにするだけで、先へ行って本人が思わぬ苦労をすることになりかねない。

子どもは成人して働くようになったら、事情の如何を問わずに自立させるべきだ。そうでないと、親自身の第二の人生が始まらない。先の家族が、二〇年経ったときのことを考えてみよ。八〇代の老夫婦と五〇代の息子二人が、一つ屋根の下で暮らすのだ。最近、老夫婦と同居している未婚である程度の年齢に達している子どもたちが少なくない。

先の例も、親にしてみれば「二人の息子に、老後の面倒を見てもらえて幸せ」と思うかもしれないが、私の目には「一生を子どもの世話に費やし、しかも子どもを自立させられなかった愚かな親」としか見えない。

第二の人生にとって、子は大いに頼れる存在になり得るが、同時に最大の障害物にもなる。どちらになるかは親次第だ。

自己対話ができれば一人ではない

私たちが迎える高齢社会は「一人暮らし」が急増する。いったい、どうすればいいのか、迷っている人もいることだろう。

この答えは「自立する」ということに尽きる。第二の人生を楽しく生きたいなら、何にも増して自立を心がけることだ。

自立とは何か。二つの側面から考えられる。一つは、自分一人でいても日常生活で困らないことだ。一人暮らしが快適にできないと「自立している」とはいえない。そのための条件は、そんなに大げさなことではない。最小限の家事をこなす能力を保持していればいい。

もう一つは、精神的な自立である。一人で過ごしていても寂しくない。心が壊れないでちゃんと生きられる。そういう精神の強靱さが求められる。

だが、このことは一人ぼっちになることとは違う。

ふだんは人に会ったりして交流する。酒を飲んだり、遊んだり、旅行へ行ったりする。現役時代と変わらない人間関係もあるだろう。

だが、高齢になるほど、人との交流は減っていく傾向がある。早い話が、若い人間から仲間外れにされるようになる。だが、これは致し方ないことで、そのとき平気でいられるかどうか。それが問題だ。精神的に強ければ問題はない。

高齢化が進むと、一人でいる時間がますます増えてくる。そうなると、次のような考え方をするようになる。

一人で生きられないのが人間なのに、私は一人ぼっちだ。世間は冷たい。人は冷たい――。ここに一つ、大きな誤解があると思う。

「人間が一人で生きられない」という言葉には、「人間は一人で生きているのではない」という意味合いもある。

四国のお遍路《へんろ》をする人たちが被る編笠《あみがさ》には、「同行二人《どうぎょうににん》」と書かれている。一人でお遍路していても「弘法大師様と二人なんですよ」ということだが、この考えには自己対話ということも含まれている。

人間は一人でいるとき、その自己と対話するもう一人の自分がいる。人が孤独の時間を充実させられるのは、もう一人の自己と対話しているときだ。

つまり、たった一人であっても、人はつねに自己対話することで一人ぼっちではない。人間、一人では生きられないとは、そういう意味でもある。

こう考えると、家に一人でいて、誰も訪ねて来てくれないことを不満に思うのは、未熟ゆえということになるだろう。

だが、そういう習慣を早くからつけておかないと、自己対話が苦手な人間になってしまう。自己対話くらい充実する時の過ごし方はない。思索のときがまさにそれである。

いまの人は、ツイッターだのフェイスブックだのと、やたら人とつながりたがるが、これは自己対話に不得手な人が増えてきている証拠かもしれない。そんな友だちが一〇〇人いても何になる。それに甘んじていると、第二の人生では苦労するに違いない。

死んだあとのことも考えておく

人間、死んでしまえばゴミになる。一巻の終わりである――。私はそう思うから、自分の死後までああしろ、こうしろなどと言い残すのは越権行為だと思っている。自分の死後のことは、残された家族に任せておけばいいではないか。

とはいっても、社会には何十年か居させてもらった義理もある。後片づけくらいは、きちんとやってお暇《いとま》するのが礼儀というものだろう。

「立つ鳥跡を濁さず」、できるだけ始末は自分でつけておいたほうがいい。

こんな人もいた。四一歳で亡くなったジャーナリストである。医師から余命宣告された彼は、エンディングノートをつけ、葬式の準備もしっかりやった。自分の葬式の会葬者への挨拶状までしたためた。その作業をしていると、むしろ元気になり、生きる喜びも増したという。余命を知ったからこそできたことだが、私たちの参考にもなる。

死の準備というと、相続、墓とくるが、もう少し茶目っ気があってもいいのではないか。私の友人は、「自分の遺影は後ろ姿」と決めている。

「ハンフリー・ボガードのようなコートで、カッコよく遠ざかっていく後ろ姿。理にかなっていると思いませんか」

遺影は写真館で撮る、というから本気なのである。

中村メイコさんは、自分の死後、「お焼香の順番はイイ男順にしてください」、そして「あとで『徹子の部屋』で追悼番組をやってほしい」などと贅沢な注文をつけている。なかなか愉快ではないか。

相続も大切、お墓の問題も大切だが、葬式の演出を自分で手がけるというのは、面白いと思う。結婚式では当事者を交えて、綿密な式次第の打ち合わせをするのに、葬式となると、すべて業者任せにしてしまうのは、もったいない。

もっとも最近は、ピアノ演奏などを取り入れる音楽葬、故人の好きな花で埋め尽くす花葬、お坊さんに頼まない無宗教葬など、多彩な形式があるという。「こんな葬儀にしてほしい」と家族や親しい人に注文をつけておくのもいいかもしれない。

核家族にとって頭の痛いのは、お墓の問題だろう。先祖代々の墓がある人はいい。だが核家族の多くは、いずれ墓が必要になる。お墓については、それぞれ考え方があるだろうが、まずポリシーを決めることである。

墓地に墓石を建てるオーソドックスな墓は、資金負担が大きい。数百万円はかかる。お墓への意識もずいぶん変わったから、前例や踏襲にこだわることはない。お墓にいくら凝ったところで、いまは誰も感心しない。費用対効果から考えれば、納骨堂で十分だろう。

生涯独身を貫いた人は、自前でお墓を建てても継ぐ人がいない。供養もしてもらえない。そういう人は永代供養付きの共同墓や合葬墓にすればいい。第二の人生を心おきなく過ごすためには、早めに決めておくといいだろう。

日本の墓というのは、墓碑銘を刻んだものが少ない。市井の人間だって、墓碑銘を残していけないはずがない。自分で墓碑銘をつくって頼んでおくのも悪くないプランだと思う。人々の記憶に残る最後の機会が墓碑銘である。

外国の例だが、ある夫婦の墓碑銘にはこう刻まれている。「ここで仲良くやっています」――。こういうのも悪くない気がする。

「終の棲家」をどうすべきか

あなたは自分の死に場所、つまり「終《つい》の棲家」について考えたことがあるだろうか。終の棲家とは、これから死ぬまで住む居場所のことだ。家制度のあった昔は、老親の面倒は子どもが見るのが原則だったから、そのまま自宅に住み続け、家族に看取られながら死んでいくことができた。

だが、核家族化が進んだ現在は、そう簡単にはいかない。親子同居が少ないからだ。子どもが巣立ったあとは老夫婦の二人暮らしになり、やがてどちらかが先に逝って、残されたほうは一人暮らしで生涯を終える。終の棲家問題は、基本的にこの図式の中で考える必要がある。そこで、最近目立ってきたのが住まいのダウンサイジングということだ。

「元気なうちに住まい、モノ、つきあいなどを見直し、生活をコンパクトにしておく。身軽になっておけば、どんな事態にも即応できる」

こういっているのはシニアライフ情報センターの池田敏史子代表である。池田さんは、ある女性のこんな例を紹介している。

夫が定年を迎えたとき、彼女と夫は定年後の生活設計について考えた。彼女の主張は元気なうちに、いま住んでいる戸建ての家を処分して老後資金を潤沢にするというものだった。夫ははじめ反対したが、結局は従って家を処分、2LDKの賃貸マンションに引っ越した。このとき、愛用物と最低限の家財以外は処分。処分率はじつに七割になったという。

五年後、思いがけず夫が亡くなり、彼女は一人暮らしになった。以後一七年間、彼女は一人暮らしをした。その後、体が弱ってきたので、マンションを引き払い、「サービス付き高齢者向け住宅」に移った。

住まいの広さは約一〇坪と、マンションの半分になったので、また家財を処分。結局、戸建て時の約一割が残った。彼女はまだ一人で暮らせる力があり、好きな料理で自宅に知人を招待したりと、悠々自適の日々を送っている。

この事例は、現代夫婦の「終の棲家」のモデルになると思う。ポイントはいまの持ち家を有効活用することだ。とくに男性に多いのが持ち家へのこだわり。老後生活に不安があっても、「住む所さえあれば、あとは何とかなる」と考えがちだ。

だが、老後の生活を充実させるためにいちばん大切なのは現金である。不必要に広い持ち家に住めば、維持経費がバカにならない。年金だけで暮らせば生活はカツカツ。といって預金を取り崩していけば、先行きの不安が募る。

「長生きして、はたしてよかったのか」

こんな疑問が口をつくのは、老後の生活設計をないがしろにして第二の人生に突入してしまうからだ。外へ向かってどんなに不満を並べても、いま自分に与えられた境遇や環境を大きく変えることは不可能だろう。

だったら、与えられた条件の下で最善の策を見つけるしかない。先の女性は、それができたのだ。彼女の発想のポイントは何かといえば、住居をはじめ、少しずつ「スモールライフ」を実践していったこと。定年後の第二の人生を真に充実させたいと思うなら、池田さんがいうように「生活をコンパクトにし、身軽になっておく」ことが大切だと思う。

「富はこれ一生の財、身滅すればすなわち共に滅す」(『実語教』)

老人ホームは身寄りのない人へ

「年をとったら老人ホーム」と、若い頃は漠然と思っていたが、現実はそうなっていない。民間の有料老人ホームは、入るにもランニングコストも高い。特養施設は空きがない。三、四年待ちがふつうだ。最近増えてきた中間的な施設でも、わが家を処分しなければ入れないだろう。

「どこで、どんな最期を迎えたいか」という問いに、「理想は自宅」と答えた人は八割に達する。しかし、「実際にそうなるか」と聞くと「無理だ」と答える人が多い。実際には病院で亡くなる人がいちばん多いからだ。

結局、大金を払って老人ホームに入っても、病気になれば病院へ入院させられるのが大半なのだ。そこをカン違いしないでほしい。

八五歳の女性。老人ホームには入らなかったが、検査で肺ガンが見つかった。

「手術すれば一〇年は生きられる」と医師はいう。寝たきりのリスクがあることを知った彼女は、手術を拒否して放射線治療を選んだ。一カ月の通院治療で、ふだん通りの生活に戻った。

四年後に再発、また入院治療か自宅で過ごすかを選ぶはめに。「入院すれば半年、自宅の場合は三カ月」と告げられる。彼女は自宅を選んで、三カ月で逝った。

在宅にこだわった彼女は正解だと思う。亡くなる直前まで自分でトイレに立ち、一人で水を飲むこともできた。動けるあいだに遺品の整理もやれた。家族も「いい最期だった」と満足している。

このケースは理想的な逝き方だ。しかし、望めばできることでもある。こういう逝き方を支援しないで、なぜ老人ホームに入れたがるのだろうか。

老人ホームという施設の存在そのものが、私は好きではない。同じ境遇の人間を一カ所に集めるのは不自然なことだからだ。

もし、いまの調子で高齢者の増加に合わせてつくっていったら、世の中が老人ホームだらけになってしまうではないか。社会に必要なことはわかるが、人間というのは、お年寄りから赤ちゃんまでが一緒に暮らして、初めて正常に機能するものだと思う。この観点からいえば、老人介護の基本は、やはり家庭におくべきなのだ。家族は大変だろうが、致し方のないこと。苦労してでも家族が老親の面倒を見る。そして、老人施設は身寄りのない高齢者のためにとっておく。

問題は、自宅で家族が面倒を見きれるかということだろう。いまは無理かもしれないが、以下に述べるプランを実行すれば可能になるのではないか。

第一にすべきことは義務教育に「介護科目」を設けることだ。授業の一環として子どもたちを老人施設に連れて行き、実地に学ばせる。義務教育修了時までに介護のイロハを修得させる。これが第一歩。

次に、要介護の高齢者がいる家庭では、誰か一人を専従させ、一定額の報酬を国か自治体が支給する。介護のために働けなくなった分の補填である。また、専従者には期間中に介護士の有資格者になってもらう。これが第二歩である。

第三歩としては、ロボットの大幅活用だ。今日、介護ロボットは進歩が目覚ましく、人手不足の介護業界の一大戦力になりつつある。国や自治体が支援して、ロボットを介護家庭に導入する。このプロジェクトの推進には、地域社会の復活が必要になるが、それができれば、日本流の介護体制が出来上がると思う。

とにかくシンプルライフに徹する

第二の人生は、シンプルライフにかぎる。それも年をとるに従って、なるべく生活をシンプルにしたほうがいい。なぜなら、次第に死期が近づいているからだ。人の考え方というのは、習慣に左右される。あることが起きると、ある考えにとらわれるのは、思考習慣のせいである。

巷間に流布《るふ》している定年退職者の世帯月額生活費は、夫婦二人で二七万五七〇六円（二〇一五年／総務省調べ）である。ほかにも生命保険会社や別の役所の数字もあって、かなりバラついているが、総務省のこの数字は低めのものである。

夫婦で、最低でも月に二四、五万円かかるということだ。年金受給額のほうは、これもバラつきが大きいが、サラリーマンは月額一五万円から二〇万円のあいだくらいだろう。生活費から考えると、年金だけでは暮らしていけない。

月に五万円から七、八万円の赤字になる。この赤字補塡と、病気や事故などのことを考えると、定年後に二〇年生きるとして、夫婦で三〇〇〇万円の老後資金が必要、というのが一般に流布されている老後設計の基礎数字である。ある経済誌のデータによると、老後は「持ち家で預貯金三五〇〇万円」が基準だそうだ。

だが、これらの計算の前提は「現役時代の生活レベルの延長」で考えられている。現役と老後で費用は多少違ってくるが、基本は生活レベルを大きく下げないことが条件になっている。私がシンプルライフをすすめるのは、この前提を大きく変えられるからだ。

働いていて毎月安定した収入のあるときの生活レベルと、現役を退いて原則無収入、預金と年金だけで暮らす場合を、同じ前提で考えるのは無理がある。こういうと「だって、ほかに方法がない」という人が多いと思うが、シンプルライフというのは、思いのほか節約できるのだ。

では、どうやってシンプルライフを始めるか。条件は三つある。

第一に「捨てる」（捨てるルールをつくり、思い切ってモノを処分する）

第二は「増やさない」（極力モノを買わない。増やさない）
第三に「生活ぶりを変える」（現役時代の水準から大胆に引き下げる）

日本人は、多くの不用物を抱え込んで生活している。衣料一つとっても、一年に一度も着ないものは処分する。処分もただ捨てるのではなく、お金に換える処分法を考える。これには「断捨離」の発想を導入するといい。

第二の「増やさない」を徹底的に実行すると、現役時代にいかにムダ金を使っていたかがわかる。極力モノを買わないだけで、生活費はかなり浮いてくる。

第三の「生活ぶりを変える」は「異次元の節約」と言い換えてもいい。

以下は、ある主婦が定年を機に試みた「電気代節約大作戦」である。

①アンペアの変更（基本料金が安くなる）
②コンセントを抜く（待機電力の節約）
③掃除機の使用回数を減らす（毎日掃除の必要なし）
④炊飯器を保温にしない

⑤冷暖房費の節約
⑥外灯の消灯時刻を早める――同じ発想はガス、水道にも適用する

これだけでも、生活はかなりシンプルライフになる。公共料金で節約できる金額もバカにならない。定年後はともかくすると、サラリーマン時代の休日のような形で生活を始めてしまう人が多いが、このように計画して徹底的にライフスタイルを見直せば、まだいくらでも家計の「仕分け」はできる。

定年までにやっておきたいこと

定年になってからでは遅いが、「定年までにしておけばよかったこと」がある。それをテーマにしたアンケート調査もある。どんな回答があったか。お金と健康と人間関係の三つに分かれている。

お金については、第一位は「貯金」。誰もが貯金はしていると思うが、問題は金額。

「もっとコツコツ貯めておけばよかった」が多い。目先の消費を我慢して、一〇〇〇円でも多く貯金しておくことだ。

お金の第二位は「生活費の見直し」。これは「贅沢に暮らし過ぎた」ということ。生活レベルは急には変えられないもの。定年になって年金で暮らすようになると、どうしても足りずに乏しい貯金を取り崩すことになる。贅沢のし過ぎに気づいても、もはや後の祭りである。

お金の第三位はスキルアップ。退職後の働き方を考えて、「資格が必要だった」と考える人が多い。現役時代、どんなに忙しくても、定年後の働き方を見据えて、何か資格をとっておくことをおすすめする。何の資格かは個人の好みでいい。

次に健康。健康に関して第一位にきたのは「腹八分目」ということ。全体に食べ過ぎてきたという感想が多い。肥満とそれに伴う生活習慣病を気にしてのことだ。食べ物が豊富な世の中では仕方がないが、ストレス食いには気をつけたい。

健康の第二位は「肌の手入れ」。肌が老化指標の最たるものだから、いまさらながら自分の老化が気になるのだろう。若いうちから紫外線を避けるなど、肌の手入れに励んできた人は、この年代になると勝利感が味わえる。

健康の第三位は「粗食を心がける」。脂ぎった食生活で「健康を損なった」との思いが強い。わかっていても改めにくいのが食生活だが、一つできるのは、野菜をたくさん食べること。この習慣だけは、ぜひ身につけておくべきだ。

最後に人間関係だが、人間関係の第一位は「仕事以外の特技」である。ここでいう特技はスキルではなく、時間の過ごし方のこと。退職後に時間を持て余す人が多く、趣味など時間の過ごし方をどうすればいいか悩む人が少なくない。

第二位は「夫婦関係」。これを「もっとよくしておくべきだった」ということ。夫が家にいると妻がイラつくということもあるが、先に死なれて「もっと会話したかった」というのが女性側にはかなりあった。現役時代から、お互いに仲良くしておくことだ。

第三位は「地域社会への参加」。定年後に参加しようとしても、なかなか、きっかけがつかめない。とにかく町内のイベントなど、現役時代から地域社会となじんでおくことは、とても重要なのだ。

わが家が檀家になっているお寺では、ときどきゴルフ会とかコーラス会などを催している。私も、ときに参加したことがある。きっかけは何でもいいのだ。

以上が、実際に定年後数年を暮らしてみて、「こうしておけばよかった」「ああしておけばよかった」と多くの人たちが感じたことである。

後悔は先に立たずだが、なかにはいまからでも可能なことがたくさんある。気がついたときが改めどきだ。いまからでも進んで改めよう。

まだ先は長い。いくらでも取り戻せる。これからリタイアする人たちは、先輩たちと同じ轍《てつ》を踏まないよう、これらの諸点を参考にしていただきたい。

「いたづらに　過ぎにし事や　嘆かれむ　受けがたき身の　夕暮れの空　　慈円」

（『新古今和歌集』）

長寿社会の現代、定年後の人生は余生ではなく、文字通り第二の人生だということを忘れないようにしたい。

川北義則（かわきた・よしのり）

1935年、大阪生まれ。慶應義塾大学経済学部卒業。東京スポーツ新聞社に入社し、文化部長、出版部長を歴任。1977年に退社後、独立して日本クリエート社を設立する。出版プロデューサーとして活躍するとともに、生活経済評論家として新聞、雑誌などに執筆。講演も多い。150冊を超える著書の中で、「人生を豊かに愉しく生きる」ことを主眼に置いたエッセイを数多く執筆。豊富な人生経験に裏打ちされた文章と人生哲学は、多くの人々の心をとらえ続けている。
主な著書には『孤独を悩むな。』『男は人とどうつきあうべきか』（以上、大和書房）、『「枯れない」男の流儀』（フォレスト出版）、『本物の大人になる』（三笠書房）、『男はお金とどうつき合うべきか』『男が人生で捨てていいもの いけないもの』（以上、だいわ文庫）など多数ある。

本書は小社より二〇一三年八月に刊行された『60歳から下手な生き方はしたくない』を改題し、再編集して文庫化したものです。

だいわ文庫

60歳《さい》からやっていいこと いけないこと

著者　川北義則《かわきたよしのり》

二〇一七年五月一五日第一刷発行
二〇一七年八月二〇日第三刷発行

発行者　佐藤 靖
発行所　大和《だいわ》書房
東京都文京区関口一−三三−四 〒一一二−〇〇一四
電話 〇三−三二〇三−四五一一

フォーマットデザイン　鈴木成一デザイン室
本文デザイン　福田和雄（FUKUDA DESIGN）
本文印刷　信毎書籍印刷
カバー印刷　山一印刷
製本　小泉製本

ISBN978-4-479-30652-8
乱丁本・落丁本はお取り替えいたします。
http://www.daiwashobo.co.jp